영어 필사 100일의 기적

抄寫
勵志英語，
換來
百日奇蹟

高績效行為教練 **莉亞** /著

樓艾苓 /譯

在美國求學時，每當我開口說話，老師和班上同學們總會反問：「What?」因為錯誤英文用法而時常受同班同學取笑的狀況讓我漸漸變得畏縮，也常因為自己英文能力不足而感到丟臉。

不過，現在的我是一位生活教練，在美國使用英文訓練各領域的本地人士，包含護士、健身教練、六名小孩的母親、銷售員、老師、大學教授、事業家等。生活教練的工作主要是協助人們破除自我限制、釐清真正目標，以及開發自我內在的力量。曾經害怕英文的我，如今職業是使用「英文」這項工具幫助他人。

我是如何經歷這樣的變化呢？
親自閱讀並使用過這本書的讀者，自然就能得知這個問題的答案。假設現在我最深愛的人就在身旁，而我必須提供給他一種能有效提升英文實力的方法，我會毫不猶豫地說：

「你要多接觸能提高自我價值的各種資源。」

透過瀏覽能給予我安慰、幫助我成長、豐富我心靈的書籍和影

片，我把英文轉換成能自在使用的「工具」，不再被讓我畏懼的閱讀「學習」、文法「學習」、單詞「學習」侷限，透過抄寫和朗讀引起內心共鳴的文章，在自我開發的同時也能增強英文能力。因為是自己認同的想法和句子，自然容易在心裡反覆思考、一再閱讀，進而愛上這些內容。

若是現在的你，和過去的我一樣對英文感到畏懼，懷抱著「I'm not good enough.（我不夠好）」這樣的心情，那我一定要告訴你：「You are perfect.（你很完美）」。你並非有所不足才學習英文，你是因為愛自己、想帶給自己更多幸福，才選擇去熟悉這項實用的工具罷了。請不要忘記：「English is just a very useful tool.（英文只是很實用的工具）」。

這本書能豐富你的想法和心靈、拓展你的潛在能力，讓你成為能帶給旁人幫助的人。此外，寫下本書的用意也是希望大家能體會輕鬆使用英文來達成上述一切美好成就的驚人感受，我真心期望本書的讀者都能親身體驗。

Performace Coach Leah（Leah Jean Kim）

高績效行為教練 莉亞

• Contents •

· · ●

本書推薦使用方法

最好的方法是每天按部就班抄寫。不過，最有效的方法也許因人而異，舉例來說：我不擅長每日重複執行某件事。曾有段時間，我因此責備自己意志力薄弱，但在接受生活訓練後，我學著親近自己，也變得更加尊重自己。比起拘泥於世人制定的標準，我開始專注於自身的目標、人生的成長及成果。

我對各種事物都充滿熱情與好奇，我熱愛看書、熱愛學習新事物，但偶爾也會遇上無法連續100天接觸新活動的狀況。以抄寫為例，就算維持兩週每天動筆，認真一段時間後就會鬆懈，之後連忙一次補寫好幾天，或是只在情緒脆弱的時候翻開書，重複讀寫當下想閱讀的章節。

你可以尋找對自己最有效的方法來使用本書。連續100天按部就班的使用當然最好，若是無法執行，請勿怪罪自己意志力薄弱，也無須因此放棄。可以像我一樣，有時多寫幾篇、有時只寫能觸動內心的句子。因為「人生的成長與成果」這個目標，遠比「連續執行100天」的舉動來得更為重要。本書的所有內容都是提供給讀者的工具，若你能輕鬆並自在的使用，成果會像禮物般到來。

https://www.booklife.com.tw/special/36
掃瞄QR Code即可聆聽英文朗讀

PART 01

Courage

"Now you are standing in the arena
that you chose to be in,
going all in, giving it all you've got."

- from Day 1 -

「你正站在你所選擇的競技場內，
竭盡全力呈現你的一切。」

"지금 당신은 당신이 선택한
경기장에 서 있습니다.
전력을 다해서 , 가진 것을 다 바치고 있죠."

You are brave.

You are brave.

Your life was not easy.

In fact, no one gets to live an easy life, no matter how flawless it seems from the outside. You are not an exception. This means that you are standing here today, because you've made it through those challenging times.

You've been a victim, a survivor, and a hero.

You didn't run away or give up on your life.

You stayed alive and showed up.

Now you are standing in the arena that you chose to be in, going all in, giving it all you've got.

You are already brave. You are already a hero.

That's who you are.

● ● ●
你很勇敢

你很勇敢，你的人生並不簡單。實際上，無論外在看似多麼完美無缺，沒有人的生活是容易的，你也不例外。今天能夠站在這裡，代表你已經撐過了那些最艱難的時刻。你是受害者、倖存者，也是英雄。你沒有逃離或是放棄自己的人生。你仍然活著，並選擇現身面對。你正站在你所選擇的競技場內，竭盡全力呈現你的一切。你已經非常勇敢、已經是位英雄。這就是你。

● ● ●
당신은 용감합니다.

당신은 용감합니다. 당신의 삶은 쉽지 않았습니다. 사실 아무리 겉보기에는 흠잡을 데가 없어 보여도 쉬운 삶을 사는 사람은 아무도 없습니다. 당신도 예외는 아닙니다. 그것은 당신이 그 힘든 시기를 이겨냈기 때문에 오늘 이곳에 서 있다는 것을 의미합니다. 당신은 피해자이자, 생존자이고, 영웅입니다. 당신은 당신의 삶에서 도망치거나 포기하지 않았습니다. 당신은 살아 있고 나타났습니다. 지금 당신은 당신이 선택한 경기장에 서 있습니다. 전력을 다해서, 가진 것을 다 바치고 있죠. 당신은 이미 용감해요. 당신은 이미 영웅이에요. 그게 바로 당신입니다.

flawless 完美無缺　exception 例外　victim 受害者
show up 現身、展示　arena 競技場

Let's reframe fear.

When was the last time you stopped yourself from doing something because you were afraid?
Let's be honest.
We all have the fear of not being good enough,
so sometimes we don't even bother to try.
But what if you just choose to believe you are good enough?
And what if fear means you are heading towards the right direction?
The sensation you feel in your body is probably telling you that you are stepping up your game.
The reason why you are scared is because you were brave enough to put yourself out there.
As long as you are doing what's best for you,
fear will always be there.
So instead, let's say, "Come on fear. You are coming along."

DAY
2

● ● ●
重新定義恐懼

你上一次因為害怕而停滯不前是什麼時候？請誠實回答。我們都害怕自己不夠優秀，所以偶爾連嘗試都不願意。不過，若是選擇相信自己已經非常優秀，那會如何？或是若感到恐懼，其實代表我們正朝著正確的方向前進呢？說不定你現在的感受，就是你努力奮發向上的證明。你會害怕，是因為遇上艱難狀況仍勇敢面對。只要全力以赴，恐懼總會伴隨著你，所以今後感到害怕時，像這樣換個想法如何？「恐懼你來啦？與我同行吧。」

● ● ●
두려움의 관점을 바꾸세요.

두려워서 무언가 하는 것을 멈춘 게 마지막으로 언제인가요? 솔직히 말해 봅시다. 우리는 모두 자신이 충분히 훌륭하지 않다는 것에 두려움을 가지고 있습니다. 그래서 가끔은 시도조차 하지 않습니다. 하지만 나는 이미 충분히 훌륭하다고 믿기를 선택한다면 어떻게 될까요? 만일 두려움이 사실은 내가 올바른 방향으로 가고 있다는 것을 의미한다면 어떨까요? 어쩌면 당신이 느끼는 이 감정이 내가 하는 일을 힘껏 박차고 올라서고 있다는 것을 알려 주는 것일지도 모릅니다. 당신이 두려운 이유는 힘든 상황에도 최선을 다할 만큼 용감하기 때문입니다. 당신이 최선을 다하고 있는 한 두려움은 항상 여러분 옆에 있을 것입니다. 그러니, 이제는 두려움을 느낄 때 이렇게 말해 보면 어떨까요? "두려움아 왔구나. 우리 같이 가자."

direction 方向　　sensation 感受　step up 向上
put oneself out 全力以赴

Do what scares you.

Do you want to know how to overcome your fears? Just do it scared.
What is the thing that you are most afraid to say or do?
I challenge you to do it today.
This is how you live your life to the fullest.
If you have something that feels true to your heart, let it out.
Being scared should not be the sign to stop.
In fact, the bigger your goal is, the more you are supposed to feel scared.
If you feel totally comfortable with your dreams, set higher goals. Speak your truth. Do what you're meant to do.
Be willing to feel scared.
Then, you will not be scared of that anymore.
You'll find another thing that makes you scared.
The more you repeat this process, the more you can create an amazing life.

● ● ●

做令你害怕的事

你好奇能克服恐懼的方法嗎？那就是帶著恐懼，去完成你想做的事。最令你感到害怕的對話或行動是什麼？今天就嘗試看看吧！這是能讓你盡情享受人生的最佳方法。說出你隱藏在心底的真實感受，別把害怕當成否定的信號。實際上，越遠大的目標越會讓人心生畏懼，若是思考目標時，你只感到平穩舒適，那是時候該提高標準了。請說出你的真實想法、挑戰想做的事，並欣然接受恐懼。如此一來，你便能克服眼前的恐懼，接著發現其他讓你害怕的事物，反覆經歷這個過程後，你將會擁有無限精采的人生。

● ● ●

두려운 일을 하세요.

두려움을 극복하는 방법을 알고 싶으신가요? 하려던 일을 두려운 채로 그냥 하세요. 말하거나 행동하기에 가장 두려워하는 것이 무엇인가요? 그 말과 행동을 오늘 바로 해 보세요. 그것이 당신의 인생을 최대한 즐기며 사는 방법이에요. 당신의 마음 안에 진실하게 느껴지는 게 있다면, 이제 밖으로 꺼내 보세요. 두렵다는 느낌을 그 일을 하지 말아야 할 신호로 받아들이면 안 됩니다. 사실, 목표가 높을수록 내 마음에서 느껴지는 두려움이 커지는 것은 당연합니다. 만일 여러분의 목표에 대해 생각할 때 완전히 편안한 느낌만 든다면, 더 높은 목표를 가져야 합니다. 여러분만의 목소리를 내세요. 스스로 원하는 일들을 해 보세요. 기꺼이 두려움을 받아들이세요. 그러면 그것들이 더는 두렵지 않을 거예요. 당신을 두렵게 만드는 다른 것을 발견하게 될 것입니다. 이 과정을 반복할수록, 여러분의 인생은 놀라운 일들로 가득 차게 될 것입니다.

overcome 克服　live life to the fullest 盡情享受人生
be supposed to v 理所當然　be willing to v 欣然接受

You are a precious human.

You are the one and only, precious human.

There's no one like you.

No one has the perfect combination of your history, personality, and perspective.

That's tremendously valuable. No one can copy or reproduce who you are.

Are there any changes you want to see in the world?

Go ahead and spread your messages everywhere.

Don't worry if it's not original enough.

Why? First, even if it's already been said or done a million times, it hasn't been done with your personality.

Second, there are some people in the world who are destined to listen to your messages.

• • •

你很珍貴

你是獨一無二又珍貴的人,這世界上沒有人和你一模一樣,沒有誰能完美綜合你過去的經驗、個性,以及對世界的觀點。這就是你的巨大價值,誰也無法模仿或複製。你有渴望目睹的改變嗎?趕快告訴全世界你的想法,儘管不是首例也無須擔心,為什麼呢?第一,就算這件事已被提出、甚至被進行了一百萬次,卻從來沒有以你的個性與作法來執行;第二,世界上有命中注定得聽見你想法的人們。

• • •

당신은 존귀한 존재입니다.

당신은 하나뿐인 소중한 사람입니다. 세상에 당신과 똑같은 사람은 없어요. 당신이 과거에 겪었던 일들, 성격, 그리고 세상을 바라보는 관점들의 완벽한 조합을 가진 사람은 없습니다. 그것은 엄청난 가치가 있습니다. 누구도 당신의 모습을 모방하거나 재현할 수 없습니다. 세상에서 보고 싶은 변화가 있나요? 어서 당신의 메시지를 세상에 알려 주세요. 최초가 아닐까 너무 걱정하지 마세요. 왜냐고요? 첫째, 이미 백만 번 말해지거나 행해졌더라도, 당신의 개성이 결합된 형태로 행해진 적은 없습니다. 둘째, 세상에는 당신의 메시지를 들어야 할 운명인 사람들이 있습니다.

perspective 觀點　tremendously 巨大的　valuable 有價值的
be destined to ~ 命中注定

Don't blame the good guys.

People don't disrespect you because you are a nice person.
They don't take you for granted because you love sharing and giving.
There's no relation between you being kind, and you being unappreciated, or failing.
You can be the nicest person on the planet and still have people honor you.
You can give so much and still feel appreciated and joyful.
Don't blame the good guys.
Blame the lack of skills which leads you to fail.
Don't compromise your values. Instead, master the skill sets you need in relationships, business, etc.
Show the world how the coolest things are achievable by someone as wonderful as you.

● ● ●
別責怪你的優點

人們並非因為你是好人而對你無禮,也並非因為你善於分享和付出,才將你的行為視作理所當然,你的親切與不被他人認可、尚未達成目標的原因毫無關聯。你可以成為這世上最善良的人,同時受到他人尊重。你可以全力付出,同時受到他人認可,並感受滿腔的喜悅。別責怪你的優點,只需埋怨不成熟的技巧害你失敗;別妥協你的價值,只需增強人際關係和工作上的應對。讓這世界知道,像你這樣優秀的人可以達成多麼精采的成就。

● ● ●
좋은 것들을 탓하지 마세요.

당신이 좋은 사람이기 때문에 사람들이 당신을 무례하게 대하는 것이 아닙니다. 여러분이 나누고 베푸는 것을 좋아하기 때문에 여러분을 당연하게 여기는 것이 아닙니다. 당신이 친절한 것과 당신이 인정받지 못하고, 성공하지 못하는 것 사이에는 아무런 관계가 없습니다. 당신은 세상에서 가장 착한 사람이면서도 여전히 사람들이 당신을 존경하게 할 수 있습니다. 당신은 많은 것을 언제나 내어 주면서도 여전히 사람들에게 인정받고, 넘치는 기쁨을 느낄 수 있습니다. 좋은 것들을 탓하지 마세요. 당신을 실패로 이끈 역량의 부족함을 탓하세요. 자신의 가치를 타협하지 마세요. 대신 관계, 비즈니스 등에서 필요한 역량을 익히세요. 당신처럼 좋은 사람이 얼마나 멋진 일을 해낼 수 있는지 세상에 보여 주세요.

take ~ for granted 將～視為理所當然　blame 責怪
compromise 妥協　achievable 可以達成

Say this as today's affirmations.

Try this for today's affirmation.
I love myself unconditionally.
I'm grateful for a new day and, a new opportunity.
I'm letting go of all the things that don't serve me.
I'm having a blast in the process of reaching my goals.
Everything is working out fabulously.
I believe I'm already super successful.
There is nothing I want to change about my past.
I embrace all my flaws, fears, and unstableness.
I'm fully confident in my skills to make my goals come true.
I believe in my bones that anything is possible.
I enjoy doing the hard things.

● ● ●

今天請這樣宣誓

請把這篇當成今天的誓言:我無條件愛自己,我對於新的一天和能獲得新的機會充滿感激,我會放下所有無法為我帶來幫助的事物。我盡情享受著朝目標前進的過程,一切進展順利,我相信我已經獲得不少成就。我不想改變我的過去,我能接納我的所有缺點、恐懼以及不安定。我的能力可以讓我夢想成真,我對此充滿自信,我打從心底相信任何事都有可能。我喜歡執行艱難的任務。

● ● ●

이렇게 오늘의 확언을 말해 보세요.

오늘 확언은 이것을 사용해 보세요. 나는 나를 무조건적으로 사랑합니다. 새로운 날에, 새로운 기회가 생겨서 정말 감사합니다. 내게 도움이 되지 않는 모든 것들을 놓아 줍니다. 나는 나의 목표에 도달하는 과정에서 즐거운 시간을 보내고 있습니다. 모든 것이 훌륭하게 진행되고 있습니다. 나는 이미 엄청난 성공을 거뒀다고 믿습니다. 나의 과거에 대해 바꾸고 싶은 것은 없습니다. 나는 나의 모든 결점, 두려움, 불안정한 면을 받아들입니다. 나는 목표를 이룰 수 있는 나의 역량에 대한 충만한 자신감이 있습니다. 나는 무엇이든 가능하다고 굳게 믿습니다. 나는 힘든 일을 하는 것을 즐깁니다.

affirmation 誓言、斷言　have a blast 盡情享受　embrace 接納
believe in one's bones 打從心底相信～

Find your passion.

Write down the list of the things you hate:
the toxic environment, the problems you never want to deal with, the irrelevant things that bore you to death.
Then, write down the list of things you love on another piece of paper:
the kind of work environment you enjoy hustling in, problems that you want to get your hands on, and all the things that grab your attention.
Start from there.
Everything that you wrote down will lead to your divine calling.
Answering it is up to you. It won't be easy just because it's interesting.
You will have to take massive risks and fail repeatedly.
But you'll finally be living your life.
Take massive actions, whatever it is.
You'll eventually find your passion.

● ● ●
找尋你的熱情

將你討厭的事物列成清單：有害的環境、不願面對的麻煩、無意義又令人疲倦的那些事。接著，拿一張新的紙，列出你喜歡的那些事物：忙碌卻能樂在其中的工作環境、積極想解開的謎題、讓你深感興趣的一切事物，就從這裡開始。你筆下的這些將成為帶領你前進的指引，至於該如何應對，選擇權在你手中。事情不會因為有趣就變得容易，你會經歷許多風險，也可能反覆失敗，但最後，你會掌握你的人生。無論是什麼，請多去嘗試，你會找到屬於自己的熱情所在。

● ● ●
당신의 열정을 찾으세요.

당신이 싫어하는 것의 목록을 적어 보세요. 유해한 환경들, 피하고 싶은 문제들, 지겹고 무의미한 그런 일들이요. 그리고 종이 한 장을 더 꺼내서, 여러분이 사랑하는 것들의 목록을 만들어 보세요. 고생스럽지만 즐겁게 일할 수 있는 업무 환경, 내가 해결하고 싶은 문제들, 당신의 관심을 끄는 모든 것들을요. 거기서부터 시작하세요. 당신이 적은 모든 것들이 당신의 소명으로 이어질 거예요. 그 부름에 대답하는 것은 당신에게 달렸어요. 흥미 있다고 해서 쉬울 거라는 뜻은 아니에요. 큰 위험을 감수해야 하고, 계속해서 실패할 거예요. 하지만 당신은 마침내 당신의 인생을 살게 될 거예요. 그게 무엇이건 정말 많은 시도를 해 보세요. 그러면 결국 여러분만의 열정을 찾게 될 거예요.

toxic 有害的　irrelevant 無意義、不重要　lead to 帶領至～
risk 風險　passion 熱情

Be committed.

You are always one commitment away from changing the whole trajectory of your life. Being committed means you do what you promised to do no matter what. If you make a commitment to put in the time and effort to constantly do something every day, no matter how trivial and basic it may look, it will sharpen your skills and shape you into the person you are meant to be in the future.

Maybe you want to be a generous person, but you don't help anyone because you are "too busy." But even after you get to the top, you'll always be "too busy" to make the time to give someone a hand.

If there's something you truly want, be committed to it.

Do it every day, no matter what.

That will make all the difference.

● ● ●

請堅持到底

你總是差一步就能大幅改變人生的軌道。堅持到底代表一旦下定決心,無論如何都會執行到底。如果你決定每天持續投入時間和心力完成某件事,無論多麼基本或看似微不足道的步驟,都能磨鍊你的技能、成就未來的你。也許你希望成為寬厚的人,卻總因為「過度忙碌」而無法助人,即使等到爬上巔峰,你依舊會因為「過度忙碌」而抽不出時間助人。若是遇上真心渴望的事物,請堅持到底。每天執行、無論如何都要持續付出,這會帶來巨大的改變。

● ● ●

결단하세요.

당신은 항상 인생의 전체 궤적을 바꾸는 일에서 한 발짝 떨어져 있습니다. 결단을 한다는 것은 내가 하겠다고 말한 것을 무슨 일이 있어도 실천하는 것입니다. 만약 여러분이 매일 무언가를 끊임없이 하기 위해 시간과 노력을 기울인다면, 아무리 하찮고 기본적인 것처럼 보일지라도, 그것은 여러분의 능력을 날카롭게 하고 미래의 여러분이 될 사람으로 만들어 줄 것입니다. 여러분은 관대한 사람이 되고자 하지만, 여러분이 "너무 바쁘기" 때문에 누군가를 돕지 않습니다. 정상에 오른 후에도 여러분은 항상 "너무 바쁘기" 때문에 누군가에게 도움을 줄 시간을 낼 수 없을 것입니다. 내가 정말 원하는 것이 있다면, 결단을 하세요. 매일, 무슨 일이 있든지 결단을 지키세요. 그것이 모든 걸 바꿔줄 것입니다.

commitment 責任、付出　trajectory 軌道　trivial 微不足道
sharpen 銳化

Expect to make mistakes.

Expect to make some mistakes if you have incredibly high standards for yourself.

This is important, because in order to make mistakes, you have to take real actions.

This does not mean just researching. It means putting it to the market, making offers to your clients, and letting your voice be spoken into the world.

Don't even try to make it perfect from the start.

That only paralyzes you from moving forward.

Don't underestimate what you can do, either. So many things are possible if you just keep going.

● ● ●

預想可能的錯誤

若你總是為自己設下高標準,請同時預想可能會犯的錯誤。這非常重要,因為需要實際行動才有機會犯錯,不能只是單純的研究,必須將產品實際上市、向顧客提案,並讓世界聽到你的聲音。不要一開始就盡力做到完美,那反而只會讓你麻痺且無法前進,也不要低估自己,只要繼續堅持下去就能擁有無限可能。

● ● ●

실수할 것을 예상하세요.

만약 자신에 대한 굉장히 높은 기준을 세우고 있다면, 실수를 예측하세요. 이것은 중요한데, 실수를 하기 위해서는 실제 행동을 취해야 하기 때문입니다. 이것은 단순히 무엇인가를 찾아보는 것이 아닙니다. 시장에 실제로 내놓는 것, 고객에게 제안을 하는 것, 당신의 목소리가 세상에 알려지도록 하는 것을 의미합니다. 처음부터 완벽하게 잘하려고 하지 마세요. 그건 오히려 앞으로 나아갈 수 없게 당신을 마비시켜 버릴 수도 있습니다. 당신이 할 수 있는 일을 과소평가하지 마세요. 여러분이 힘들어도 계속한다면 많은 것들이 가능합니다.

paralyze 麻痺　move forward 前進　underestimate 低估
keep going 繼續

Get inspired.

When you see someone doing what you want to do, get inspired.
Let that be a sign that you can also do what they are doing. Let them be a living example for you to learn and grow from.
Don't think successful people are different from you. They were just like you in the beginning. If they made it, you can also do it. Pay close attention to how they trained and mastered their skills to create successful results, and follow their practices. Choose the path to improve yourself rather than to get jealous and stuck. Jealousy does not serve you any good.
No one took your place. No one is getting in your way. No one can drag you down. Get inspired by others' success. It will soon be yours.

DAY
10

● ● ●

吸取靈感

若你發現有人正進行著你曾渴望達成的事，就從他們身上吸取靈感，也可將這視為「我也能夢想成真」的信號，把他們當成值得學習與刺激成長的榜樣。別以為成功人士和你不同，他們在起步時，和你我一模一樣。若他們能成功，你也一定可以。仔細觀察他們為了達成遠大目標，是如何訓練與掌握技能，並跟上他們的腳步。比起嫉妒且裹足不前，請選擇能讓自己進步的道路，嫉妒有害無益。沒有人會取代你的位置、沒有人會阻撓你，也沒有人能夠拖累你。試著從他人的成功獲得動力，那麼你離成功的未來也不遠了。

● ● ●

영감을 얻으세요.

여러분이 하고자 했던 일을 하고 있는 사람을 보게 된다면, 영감을 얻으세요. 그리고 그들이 하는 것을 당신도 역시 할 수 있다는 신호로 받아들이세요. 그들을 당신이 배우고 성장할 수 있는 본보기로 만드세요. 성공한 사람들이 여러분과 다르다고 생각하지 마세요. 그들도 처음에는 여러분과 똑같았습니다. 그들이 해냈다면 당신도 할 수 있어요. 그들이 엄청난 결과를 만들어 내기 위해 어떻게 기술을 훈련하고 숙달했는지 세심하게 살펴보세요. 그리고 그들이 했던 걸 따라 하세요. 질투하며 멈춰 서기 보다는, 스스로를 발전시킬 수 있는 길을 선택하세요. 질투심은 당신에게 아무런 도움이 되지 않습니다. 아무도 당신의 자리를 빼앗지 않았습니다. 아무도 당신을 방해하지 않습니다. 아무도 당신을 끌어내릴 수도 없습니다. 다른 사람의 성공에 동기부여를 받으세요. 곧 그 성공이 여러분의 미래가 될 거예요.

get in one's way 阻撓他人前進　drag someone down 拖累他人

How to not get criticized.

As long as you are doing something in this world, criticism will follow.
The only sure way to never get criticized by anyone is to do absolutely nothing.
If you don't put yourself out there, don't speak your mind, and just do what you are told, then maybe you'll be safe from criticism.
You can eliminate the chance of someone criticizing you if you just stay in your comfort zone.
But even then, you might have an inner critic, blaming you for the things you are not doing.
It's not worth it to avoid criticism at the expense of living life on your own terms.
Life isn't about dodging, it's about attacking and moving forward.

DAY 11

• • •
如何不受批評

人活在世上，無論做任何事情，批評都會隨之而來。不受任何評判的唯一方法就是什麼也不做。如果你不站出來、不說出心聲，只是一味遵守指令，也許能全身而退。只要滯留在舒適圈裡，就能避免被他人批判的可能性。然而，你仍舊可能因為那些自己未能達成的事，遭到自我內在的批判。不值得為了躲避批評而犧牲你的人生，因為人生的宗旨不該是躲避，而是主動出擊與前進。

• • •
비난받지 않는 법

당신이 이 세상에서 무언가를 하고 있는 한 비난은 뒤따를 것입니다. 누구에게도 비난받지 않는 유일하고 확실한 방법은 아무것도 하지 않는 것입니다. 만약 당신이 자신을 내세우지 않고, 목소리를 내지 않고, 그저 시키는 대로만 한다면, 당신은 비난으로부터 안전할지도 모릅니다. 만약 당신이 편안한 곳에 머무른다면 누군가 당신을 비난할 가능성을 없앨 수 있습니다. 하지만 여전히, 여러분이 하고 있지 않은 일에 대해 스스로를 비난하는 내면의 비평가가 존재 할지도 모릅니다. 당신의 삶을 희생하면서까지 비난을 피하는 것은 가치가 없습니다. 인생은 피하는 것이 아니라, 공격하고 전진하는 것입니다.

criticism 評判、指責　eliminate 去除　at the expense of 犧牲
attack 出擊

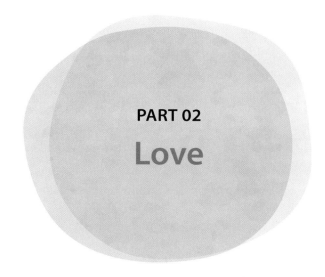

PART 02

Love

「如果無論如何，
你都會愛你自己，
你能想像人生將會多麼勢不可當嗎？」

**"Imagine how unstoppable you would be
if you knew for a fact that
you are always going to
love yourself no matter what."**

- From Day 16 -

"무슨 일이 있어도 항상 스스로를 사랑할 거라는
사실을 안다면, 얼마나 거침없는 삶을
살 수 있을 지 상상해보세요."

You are worthy.

You are worthy.
Your worthiness is not something that can be changed by what someone said to you or how somebody treats you.
Everything that makes you who you are makes you incredibly worthy.
You can believe this to be true just like how you can believe the other way around to be true.
But what belief will serve you more?
Choose to believe you are precious.
It will help you build the life you truly want.
Say this with me today.
I am worthy. I am enough. I am beautiful. That's a fact, period.

DAY
12

● ● ●

你很有價值

你很有價值,你的價值不會隨著他人說的話、對待你的態度而有所改變,一切成就你的事物都擁有令人難以置信的價值。你可以選擇相信這個事實,也可以選擇否認,但哪一種信念會為你帶來更大的幫助呢?請選擇相信你很珍貴,這份信念會協助你打造你真正渴望的生活。今天就這樣告訴自己:我很有價值、我很豐盛、我很美好,這些都是事實,完畢。

● ● ●

당신은 가치 있습니다.

당신은 가치 있습니다. 당신의 가치는 누군가가 당신에게 한 말이나, 누군가가 당신을 대하는 태도로 바뀔 수 있는 것이 아닙니다. 당신을 있게 하는 모든 것들은 믿을 수 없을 만큼 가치가 있습니다. 이걸 사실이라고 믿을 수도 있고 사실이 아니라고 믿을 수도 있어요. 하지만 어떤 믿음이 더 도움이 될까요? 당신은 소중하다고 믿기를 선택하세요. 당신이 원하는 삶을 만들어 가는 데 도움이 될 것입니다. 오늘 이 말을 해 보세요. 나는 가치 있어. 나는 나로서 충분해. 나는 아름다워. 그건 사실이야. 끝.

You are worthy.

worthy 有價值的　treat 對待　belief 信念、信心　serve 協助　precious 珍貴的

Stop bullying yourself.

"I am stupid," "What's wrong with me?" These are the things that I used to say to myself. For so many years, I had bullied myself for being who I was because I couldn't see the value in myself.

One day, I decided that I was going to put an end to this. I made a commitment to never beat myself up again. From that moment forward, slowly but surely, I started to appreciate myself. Instead of not approving of myself, I started giving myself credit.

And let me tell you, committing to stop bullying myself was one of the best decisions I've ever made. After that decision, I was able to meet the most loving and supportive friend I'd ever made - myself.

• • •
停止折磨自己

「我是笨蛋」「我怎麼會這樣？」這些是我曾習慣對自己說的話。因為不曾發現自我內在的價值，我長期這樣折磨自己。某一天開始，我決定停止折磨自己，也決定不再自責。下定決心後，雖然緩慢，但我確實漸漸學會感謝自己、開始用稱讚取代自我否認。嘿，決定不再折磨自己，是我人生中做過最好的選擇之一，這個決定讓我認識了最可愛、最支持我的好朋友，那就是我自己。

• • •
스스로를 그만 괴롭히세요.

"난 멍청해.", "난 왜 이 모양이지?" 이것들은 평소에 나 스스로에게 하곤 했던 말입니다. 내 안에 가치를 발견하지 못했기 때문에 오랜 시간 동안 스스로를 괴롭혀 왔습니다. 어느 날, 저는 이제 이런 괴롭힘을 끝내기로 결심합니다. 다시는 절대 스스로를 자책하지 않기로 결심했습니다. 그 결심 이후로, 느리지만 확실하게 저는 스스로를 감사히 여길 수 있게 되었습니다. 나의 나됨을 인정하지 않는 것 대신, 스스로를 칭찬하기 시작했습니다. 스스로를 괴롭히지 않겠다고 결심한 것은 제가 살면서 내린 최고의 결정 중 하나였습니다. 그 결정을 한 후 , 저는 가장 사랑스럽고 가장 힘을 주는 친구를 만날 수 있었습니다. 바로 저 자신입니다.

bully 折磨　value 價值　put an end 終止　beat oneself up 自責　credit 稱讚、認同
supportive 支持、給予幫助

Write a letter to your past self.

Writing a letter to your past self can be a beautiful way to come to peace with your past, so that you can focus on the present moment.

Make sure to write it from a loving and non-judgmental space. Take what you can learn and peacefully move on. It can go something like this: Dear Past Self, I am sorry for all the mean things I said to you. I'm sorry for hating you, not believing in you and wishing that I'd rather be somebody else. I want to tell you that from now on I will always love and appreciate you. Thank you for being yourself. I love you.

● ● ●

寫封信給過去的自己

寫信給過去的自己是和過去和平相處的好方法,同時也能讓我們更加專注於當下。請務必在充滿愛、沒有批判的環境寫下這些故事,吸收值得學習的部分後,就心平氣和的放下。像是這樣:「給過去的我,抱歉曾經對你說那些不好的話、抱歉曾經討厭你、抱歉曾經不信任你,也很抱歉曾經有過希望能成為他人的念頭。我想告訴你,今後我會心存感激並愛護你,謝謝你做自己,我愛你。」

● ● ●

과거의 자신에게 편지를 쓰세요.

과거의 자신에게 편지를 쓰는 것은 과거의 당신과 평화롭게 지낼 수 있는 아름다운 방법이 될 수 있고, 그로 인해 현재에 더욱 집중할 수 있게 해 줍니다. 사랑이 가득하며 비판적이지 않은 공간에서 꼭 그 이야기를 쓰세요. 배울 수 있는 것은 배우고, 평화롭게 앞으로 나아가세요. 이런 식으로요. '과거의 OO야, 내가 그동안 너에게 했던 모든 못된 말들에 대해 사과할게. 너를 미워해서 미안하고, 너를 믿지 못해서 미안해. 그리고 차라리 다른 사람이었으면 좋겠다고 생각했던 것도 미안해. 오늘 꼭 말하고 싶은 게 있어. 앞으로는 너를 항상 감사하게 생각하고 사랑할게. 너로 있어줘서 고마워. 사랑해.'

past self 過去的自己　peace 和平　make sure 務必要～　judgmental 批判的

Send love to your body.

Have you ever appreciated your body? Your body does its job wonderfully every day. It moves you. It remembers things for you. It protects you. It's almost impossible to imagine life without it.

Are you grateful that you can see with your eyes? Are you grateful that you can write with your hands? Or do you take it all for granted? Nothing is nothing. Everything is a beautiful gift that's been given to us. When it gets tired, take care of it, instead of beating it up. Treat it with respect. Give it what it deserves. Stay hydrated, sleep well, and exercise. Let your body know how much you appreciate it.

• • •

愛自己的身體

你是否曾感謝過「自己的身體」？你的身體每天都優秀的消化著被交付的工作，讓你能活動、幫你記住許多事情，並保護你。如果沒有身體，我們也不可能活著。對於能透過雙眼看見這世界、能用手寫字，你是否心存感激？或者你覺得這些理所當然？沒有什麼是理所當然，我們擁有的一切都是珍貴的禮物，所以當身體感到疲累，請好好照顧它，不要再增加負荷。尊重你的身體，給身體應得的對待。補充足夠的水分、好好睡覺，以及適當的運動，讓身體能明白你對它的感激之情。

• • •

DAY
15

나의 몸을 사랑하세요.

'나의 몸'에게 감사했던 적이 있으신가요? 여러분의 몸은 매일 자신이 맡은 일을 정말 훌륭하게 하고 있습니다. 여러분을 움직일 수 있게 해 줍니다. 여러분을 위해 많은 것을 기억해 줍니다. 여러분을 보호합니다. 나의 몸이 없다면 내가 인생을 산다는 것은 불가능합니다. 여러분의 눈을 통해 세상을 볼 수 있어서 감사한가요? 여러분의 손을 이용해서 무언가를 쓸 수 있다는 사실이 감사한가요? 아니면, 이 모든 걸 당연하게 받아들이고 있나요? 아무것도 당연한 것은 없습니다. 모든 것은 우리에게 주어진 아름다운 선물입니다. 그러니 나의 몸이 지칠 때는 자책하지 말고 잘 보살펴 주세요. 몸을 존중해 주세요. 몸이 대접을 받을 만큼 대접해 주세요. 충분히 물을 마시고 잠을 푹 주무세요. 그리고 적당한 운동을 하세요. 당신의 몸에게 당신이 얼마나 감사하고 있는지 알려 주세요.

protect 保護　deserve 應得的　stay hydrated 保持水分充足

Love yourself unconditionally.

Loving yourself unconditionally means you love yourself not because of any other reasons, but simply because you deserve that love.

Decide to love yourself unconditionally. A new chapter will open up in your life. You will feel safe and gain confidence that you can create an amazing future. Can you imagine how wonderful it would be if you gave yourself unconditional love?

Can you imagine how unstoppable you would be if you knew for a fact that you are always going to love yourself no matter what? We are designed to be loved unconditionally. Today, I invite you to be a loving friend to yourself.

● ● ●

DAY 16

無條件愛自己

無條件的愛自己，代表我們並非因為某些理由而被愛，只是純粹擁有值得被愛的資格。請下定決心，無條件地愛自己，你將為自己的人生開啟全新篇章。你將會感到安心，並產生足以創造精采未來的自信心。如果能夠給予自己無條件的愛，你能想像人生會多麼美好嗎？如果無論如何，你都會愛你自己，你能想像人生將會多麼勢不可當嗎？我們天生就該無條件地被愛。從今天起，讓我們當自己最摯愛的朋友吧！

● ● ●

스스로를 무조건적으로 사랑하세요.

스스로를 무조건적으로 사랑한다는 것은 어떤 다른 이유들이 있어서가 아니라, 내가 사랑받을 자격이 있기 때문이라는 뜻입니다. 스스로를 무조건적으로 사랑하겠다고 결정하세요. 당신의 인생에 새로운 장이 열릴 것입니다. 안전함을 느낄 것이고, 놀라운 미래를 만들 수 있다는 자신감이 생길 것입니다. 스스로에게 무조건적인 사랑을 줄 수 있다면 얼마나 멋진 인생일지 상상이 가시나요? 무슨 일이 있어도 항상 스스로를 사랑할 거라는 사실을 안다면, 얼마나 거침없는 삶을 살 수 있을지 상상이 가시나요? 우리는 조건 없이 무조건 사랑하도록 만들어진 존재들입니다. 오늘, 여러분 스스로에게 가장 사랑스러운 친구가 되어 주세요.

unconditionally 無條件的　unstoppable 勢不可當　no matter what 無論如何

Take every day as an opportunity.

Several years ago, I was in sadness. This sadness lasted longer than I thought. The whole time, I told myself that I shouldn't feel this way. I felt ashamed about my sadness.

A few weeks later, one of my coaches gave me a whole new perspective on life. "If you are someone who loves yourself fiercely, what would you think about yourself being sad?" When I internalized this question, I was able to become compassionate towards myself. I made a choice to take every day as an opportunity to love myself. Surprisingly, the sadness disappeared. Even if it hadn't, I would've never regretted making that choice. I challenge you to love yourself even when it's difficult.

● ● ●
每天都是機會

幾年前,我陷入了深度的悲傷,這份悲傷意外的持續了好一陣子。那段期間,我感到自責、不斷否定這種心情,並對於我的悲傷感到羞愧。幾週後,我的一位教練提供了一個全新的視角:「如果你是死命愛自己的人,你會如何看待陷入悲傷的自己?」當我成功內化這個問題,就對自己產生了同情心,我承諾把每一天都當作能夠愛自己的機會。意想不到的是,悲傷立刻消失了。就算悲傷沒有消失,我也不會後悔做了這個決定,所以無論是遇到多麼辛苦或困難的狀況,也要選擇愛自己。

● ● ●
매일을 기회로 삼으세요.

몇 년 전 저는 깊은 슬픔에 빠져 있었습니다. 이 슬픔은 생각보다 오래 지속되었습니다. 그 시간 동안 스스로에게 이런 기분을 느끼면 안 된다고 자책했고, 내 슬픔이 수치스럽기까지 했습니다. 몇 주 후, 제 코치 중 한 명이 완전히 새로운 관점으로 바라보게 해 주었습니다. " 만약 당신이 자신을 필사적으로 사랑하는 사람이라면, 자신이 슬퍼하는 것에 대해 어떻게 생각해야 할까요?" 이 질문을 내면화했을 때, 저는 저 자신에 대해 동정심을 가질 수 있었습니다. 하루하루를 제 자신을 사랑할 수 있는 기회로 만들어 보자고 다짐했습니다. 놀랍게도, 슬픔은 곧 사라졌습니다. 만일 슬픔이 사라지지 않았다 해도 저는 그 선택을 절대 후회하지 않았을 거예요. 그러니 여러분도 힘들고 어려운 상황에서도 스스로를 사랑하는 선택을 해 보세요.

ashamed 羞愧　fiercely 猛烈的、死命的　internalized 內化
compassionate 憐憫的、感到同情

It takes practice.

Self-love takes practice. A lot of people say that loving themselves is not easy. Of course it's not easy. Everything worthwhile takes a lot of effort. But you know what's also not easy? Not loving yourself. And it's going to get more and more difficult as time goes by. How painful it is when you beat yourself up every time something bad happens.

Loving yourself is not a walk in the park. But when you practice loving yourself even when it's difficult, it will add so much value to your life. Not only will you enjoy being yourself, but you'll also be able to do so many amazing things. Practice speaking kindly to yourself. Practice lovingly disciplining yourself for the life you're meant to live.

DAY
18

• • •

練習很重要

愛自己得靠練習,許多人會說:愛自己並不容易。當然不容易,所有富含價值的事物都需要投入龐大的努力。你知道還有什麼也不容易嗎?那就是不愛自己,並且隨著時間流逝會更加困難。每當遇上不好的事,若我們不愛自己又習慣自責,那該有多痛苦?愛自己不是件簡單的事,不過儘管困難,只要多加練習,這份愛將為我們的人生帶來許多價值。不僅能讓我們享受活出自我的快樂,更能讓我們達成無數精采的事情。請練習和自己親切的對話,為了活成自己想要的模樣,練習多用愛訓練自己。

• • •

연습이 필요합니다.

자기를 사랑하는 것은 연습이 필요합니다. 많은 사람들은 자신을 사랑하는 것이 쉽지 않다고 말합니다. 물론 쉽지 않습니다. 가치 있는 모든 것들은 굉장한 노력이 필요합니다. 그런데 또 쉽지 않은 일이 뭔지 아시나요? 바로 자신을 사랑하지 않는 일입니다. 심지어 시간이 지날수록 점점 더 어려워질 거예요. 나쁜 일이 생길 때마다 스스로를 사랑하지 않고 자책한다면 얼마나 힘들겠어요? 자신을 사랑하는 것은 쉽지 않습니다. 하지만 힘들어도 자신을 사랑하는 연습을 하게 되면 그 사랑은 나의 삶에 많은 가치를 주게 됩니다. 단순히 나답게 삶으로서 즐거워지는 것뿐만 아니라, 수많은 놀라운 일들을 해낼 수 있게 됩니다. 자신에게 친절하게 대화하는 연습을 하세요. 당신이 원하는 삶을 살아가기 위해 사랑으로 스스로를 훈련하는 연습을 하세요.

self-love 愛自己　worthwhile 有價值的　painful 痛苦　a walk in the park 非常簡單
discipline 訓練

Drop expectations.

Do you know what the best part is about loving people the way they are, without having to change them? You get to be in control of your feelings. No matter how bad people are at following your expectations, you don't have to feel upset. Of course, you can set boundaries to protect yourself, or you can let people know about the consequences if you need to lead them, but you still don't need to go through unnecessary drama.

You can make yourself happy without waiting for others to do it for you. You'll get to enjoy all the things you do for them in a relationship, because you'll do it out of your own joy.

The truth is people get to be who they are, just like you get to be whoever you are. Accept this wonderful fact, and relationships will feel a lot easier.

DAY
19

● ● ●

請放下期待

你知道不試圖改變他人,接受並喜愛他們原本的樣貌的好處是什麼嗎?你將能控制自己的情感。無論對方多麼無法滿足你的期待,你再也無需感到傷心。當然,你可以為了自我保護而設下界限,也可以告知他人若由你來帶領團隊,必將追求的成果。但你再也不需要承受多餘的情感消耗、不必期待靠他人獲得幸福與滿足,你就足以讓自己幸福。你也能真正開始享受人際關係,為什麼呢?因為你的所作所為,都是為了成就自己的快樂。人們終究會以自己想要的樣子生活,這是不變的事實,你也不例外。若能接受這美好的事實,一切人際關係都會變得簡單。

● ● ●

기대를 내려놓으세요.

사람들을 변화시키려 하지 않고, 있는 그대로 사랑하는 것의 가장 좋은 점이 뭔지 아시나요? 여러분이 스스로의 감정을 통제할 수 있게 된다는 점입니다. 상대방이 아무리 여러분의 기대에 못 미친다고 해도, 이제 여러분은 속상하지 않아도 됩니다. 물론, 여러분 스스로를 보호하기 위한 경계를 세울 수도 있고, 여러분이 조직을 이끈다면 추구하는 결과들을 사람들이 알 수 있도록 얘기할 수 있지만, 더 이상 불필요한 감정적 소용돌이를 겪을 필요가 없게 됩니다. 다른 사람들이 여러분을 행복하고 만족스럽게 해 줄 것을 더 이상 기다리지 않고, 여러분 스스로 행복해질 수 있게 됩니다. 다른 사람들과의 인간 관계에서도 모든 것들을 진정으로 즐길 수 있게 되는데요, 왜냐하면 여러분이 하는 모든 행동들은 결국 여러분 스스로의 즐거움을 위한 것들이 되기 때문이에요. 변하지 않는 사실은, 인간은 결국 본인이 원하는 본인의 모습으로 살아가게 된다는 것이고, 여러분 또한 예외는 아닙니다. 이 아름다운 사실을 받아들인다면, 모든 인간 관계가 훨씬 쉬워질 거예요.

control 控制　no matter how 無論多麼～　consequence 成果　accept 接受

You are loved.

Dear lovely human, someone out there loves you dearly. There's nowhere to run or hide from the love that you deserve. This love is for you, not because you earned it, but because it's just for you. You are designed for this unconditional love. Even if you don't feel it, it doesn't matter, because you can start giving that love to yourself.

When you wake up in the morning, when you are walking alone feeling sad, when you are feeling like no one's going to choose you, tell yourself, "I love myself." "I'll always be with myself." "I'll always choose myself." That's exactly what I did when I was at rock bottom. If you have your own back, you will feel much more empowered. So let me remind you again. You matter. You are loved.

DAY 20

● ● ●

你備受疼愛

致可愛的人類，這世界上一定有個人非常愛你。不需要逃離或隱藏這份你應得的愛，這份愛專屬於你。這並非是你透過什麼行動爭取而來，只因為你是你。這份無條件的愛是為你量身打造的，縱使你感受不到也沒關係，因為你可以從現在開始給予自己這份愛。

早上起床時、傷心而獨自散步時、感覺自己不受任何人青睞時，請告訴自己：「我愛我自己」「我會一直陪伴著自己」「我是我的第一選擇」，當我處在人生谷底時，就是這樣告訴自己的。若是能站在自己這邊，你會感受到自己擁有更多力量，所以我要再次告訴你：你很重要、你備受疼愛。

● ● ●

당신은 사랑받고 있습니다.

사랑스러운 사람에게, 저기 어딘가에서 누군가는 당신을 굉장히 사랑하고 있습니다. 당신이 마땅히 받아야 할 이 사랑으로부터 도망가거나 숨을 수 없습니다. 이 사랑은 당신을 위한 거예요. 당신이 무언가를 해서 얻은 것이 아니라, 그냥 당신이기 때문에요. 당신은 이 무조건적인 사랑을 받도록 만들어졌어요. 비록 당신이 이 사랑을 못 느끼더라도 상관없어요. 왜냐하면 이 사랑을 스스로에게 지금부터 주기 시작할 수 있으니까요.

아침에 일어날 때, 슬퍼하며 혼자 걷고 있을 때, 아무도 당신을 선택하지 않을 것 같은 느낌이 들 때, 스스로에게 "나는 나 자신을 사랑한다." "나는 항상 내 곁에 있을 거야." "나는 항상 나를 선택할거야."라고 말해 주세요. 그게 바로 제가 인생의 바닥에 있었을 때, 한 것이에요. 만약 스스로의 편이 되어 줄 수만 있다면, 훨씬 더 큰 힘을 가지게 된 걸 느낄 수 있을 거예요. 그래서 다시 한 번 말씀드릴게요. 당신은 중요합니다. 당신은 사랑받고 있어요.

dearly 非常　hide 隱藏　rock bottom 谷底（最辛苦的時刻）　matter 重要

Don't play the blame game.

Don't play the blame game. It has zero benefits.

If you can suddenly feel happier by resenting others for what they've done, do it. But I bet it won't work.

If you can solve a problem by pointing fingers, do it.

But I'm pretty sure it will only perpetuate the pain.

I'm not just talking about other people; don't blame yourself when things go wrong, either.

Finding out who did what wrong and blaming them is not what you want to do, because it's not that useful.

If you can focus your energy on fixing the problem, that would be better.

If you can prevent a future problem, that would be the best.

DAY

21

別互相指責

不要批評責備，指責不會帶來任何益處。若能藉由抱怨他人的所作所為，讓你瞬間感到更幸福，那就做吧！不過，應該成效不彰。若能透過指責來解決問題，那就做吧！不過，我確定那反而只會將痛苦延續。這不單指待人處事，遇上不順利的時候，也不要責怪自己。你不會想對別人的錯誤追根究柢，因為這個過程沒有效率，將精力集中於解決問題是更好的選擇。若能把精力用於預防問題發生，則是最棒的選擇。

비난하지 마세요.

비난하지 마세요. 비난하는 것은 아무런 이득이 없습니다. 만약 당신이 다른 사람이 한 일에 대해 원망함으로써 갑자기 더 행복감을 느낄 수 있다면, 그렇게 하세요. 하지만 효과가 없을 것입니다. 만약 당신이 누군가를 비난함으로써 문제를 해결할 수 있다면, 그렇게 하세요. 하지만 오히려 고통만 더욱 길어질 것이라고 확신합니다. 다른 사람에 대해서만 얘기하는 게 아닙니다. 일이 잘 되지 않았을 때에 자신도 탓하지 마세요. 누가 뭘 잘못했는지 알아내고 그들을 탓하는 것은 당신이 원하는 것이 아닙니다. 그것은 그리 효과적이지 않기 때문입니다. 문제를 해결하는데 에너지를 집중한다면, 그게 더 나을 것입니다. 문제를 예방하는 데 에너지를 쓸 수 있다면, 그것이 최선일 것입니다.

blame game 對於不好的結果相互推卸責任　benefit 好處、利益　resent 抱怨
point a finger 指責　perpetuate 延續　prevent 預防

PART 03

Happiness

"Being positive is a deliberate choice and
is the ability to see the good in things everywhere."

- From day 25 -

「 正面思考是刻意的選擇，
也是能發掘萬物優點的能力。」

"긍정적인 것은 의도적인 선택이고,
어디서든 좋은 것을 볼 수 있는 능력입니다"

Give yourself what you deserve.

You are a precious human. You deserve more than overly concentrated pleasures designed to make you addicted to them. They don't help you flourish. You desire true, long-lasting fulfillment instead of instant gratification. A healthier body, quality time with loved ones, and a deep sense of achievement.

So if you want to rest your mind, just do it. You can read books that nurture your soul, declutter your thoughts by meditating or journaling, listen to a song that puts you at ease, or have a loving conversation with yourself or whoever you believe is the higher power. Decide not to think about what's left undone or unsolved. Actually, happiness is very simple. Start giving yourself what you truly deserve, and you'll have a happier life.

DAY
22

● ● ●

給自己應得的享受

你是很珍貴的人。比起沉迷於那些令你過度集中、容易上癮的快感，你值得更有價值的享受，一時的快樂無法使你蓬勃發展。比起暫時的滿足，你想要更真實、更持久的成就感，你想要更健康的身體、與愛人度過的寶貴時光，以及能夠深刻感受的成就感。所以，如果心靈需要暫時休息，請別猶豫。你可以選擇閱讀滋養靈魂的書籍、透過冥想或寫日記整理思緒、聽一首讓你放鬆的歌曲、和自己或你認為更有能力的人進行一場深度對談，並下定決心不再思考那些未完成或未解決的問題。其實幸福非常簡單，只要你開始給予自己應得的，你就能過更幸福的生活。

● ● ●

누릴 자격이 있는 만큼 주세요.

당신은 소중한 사람입니다. 당신은 지나치게 집중된 쾌락에 중독되는 것보다 훨씬 더 좋은 것을 누릴 자격이 있습니다. 쾌락은 당신을 풍요롭게 만들지 않습니다. 당신은 순간적인 만족보다는 진실하고 오래 지속되는 성취감을 원합니다. 더 건강한 신체, 사랑하는 사람들과의 의미 있는 시간, 그리고 성취감을 깊이 있게 느끼기를 원합니다. 그러니, 만약 마음을 쉬게 하고 싶다면 그냥 그렇게 하세요. 영혼을 가꾸는 책을 읽을 수도 있고, 명상이나 일기를 통해 생각을 정리할 수도 있고, 자신을 편안하게 해 주는 노래를 들을 수도 있고, 스스로 혹은 더 영적인 힘을 가졌다고 믿는 그 누군가와 사랑스러운 대화를 나눌 수도 있습니다. 그리고 미처 끝내지 못한 일이나 해결되지 않은 일에 대해서는 생각하지 않기로 결심해 보세요. 사실, 행복은 매우 간단합니다. 자신이 진정으로 받아야 할 것을 스스로에게 주기 시작하세요. 그러면, 더 행복한 삶을 살 수가 있습니다.

----

concentrated 集中　flourish 蓬勃　gratification 滿足感　nurture 受～滋養
declutter 整理 （不需要的東西）

Change the way you talk.

A lot of people think they will be happy once they get what they want. The truth is, happiness is not something that comes from the outside, but it's what you find on the inside.

What really determines your happiness are your thoughts about yourself. Your inner dialogue shapes the quality of your life. What do you usually say to yourself? Whenever you make a mistake, are you saying mean things like, "You are so stupid?" If your inner dialogue is critical and negative all the time, that's what you will experience in life. If you want to feel better, practice choosing the thoughts that will serve you.

• • • •

改變說話方式

許多人認為只要獲得想要的東西就能變得幸福。不過實際上，幸福不該由外取得，而是要從內心尋找，我認為你就是決定自己幸福與否的關鍵，我們與自己的對話會影響生活品質。你平常都是如何與自己溝通呢？每當犯錯時，「我真的好笨！」你會用這種方式責備自己嗎？如果內心的對話總是充滿負面批評，你的生活也將充滿這些負面能量。若想讓心情愉悅，就多練習選擇對自己有幫助的想法吧！

• • •

말하는 방식을 바꾸세요.

많은 사람들이 원하는 것을 얻으면 행복해질 것이라고 생각합니다. 하지만 사실은, 행복은 밖에서 오는 것이 아니라 내면에서부터 찾는 것입니다. 당신의 행복을 결정짓는 것은 스스로에 대한 생각입니다. 당신의 내면의 대화는 삶의 질을 형성합니다. 당신은 보통 스스로에게 뭐라고 말하나요? 실수할 때마다 "난 정말 멍청해"와 같은 심술궂은 말을 하나요? 만약 여러분의 내면의 대화가 항상 비판적이고 부정적이라면, 그런 비판적이고 부정적인 것들을 실제 삶에서 경험하게 됩니다. 기분이 좋아지고 싶다면, 자신에게 도움이 될 생각들을 고르는 연습을 하세요.

DAY
23

----

determine 決定　whenever 每當～的時候　negative 負面

Choose your stories.

Don't hold on to false beliefs. Ditch all the lies about yourself or the world. Get rid of old stories if they no longer serve you. It's time for you to teach yourself new beliefs. Deliberately choose them every day if they help propel you forward.

"You are worthy," "You have the power to create an amazing life," "You can handle any problems," "There are many people who love you and support you."

If you believe these stories, that's what you'll end up creating in your life, just like the famous quote: "Whether you believe you can or can't, you are always right."

● ● ●

選擇你的故事

別再堅守錯誤的信念，大可拋棄對自己或這世界的一切謊言。如果陳年往事再也無法為你帶來幫助，就刪除它們，因為現在就是為自己灌輸新信念的好時機。如果有些信念能讓你進步，試著每天刻意提醒自己：「你是有價值的人」「你有能力活出精采人生」「無論碰上任何難題，你都能解決」「有很多深愛並支持著你的人」，只要懷抱這些信念，久而久之你就會將這些故事融入生活。如同名言所說：「無論你相不相信自己能辦到，你都是正確的。」

● ● ●

당신의 이야기를 선택하세요.

잘못된 믿음을 가지고 있지 마세요. 당신이나 세상에 대한 모든 거짓말들을 버리세요. 더 이상 당신에게 도움이 되지 않는다면, 오래된 이야기들은 이제 버리세요. 이제 스스로에게 새로운 믿음을 가르칠 때입니다. 만약 그 믿음들이 당신을 발전시키는 것들이라면, 의도적으로 매일 선택해 보세요. "넌 가치가 있어.", "넌 멋진 인생을 만들 수 있는 힘을 가지고 있어.", "어떤 문제라도 넌 해결할 수 있어.", "너를 사랑하고 응원하는 사람들이 많이 있어." 이 이야기들을 믿는다면, 결국 여러분은 스스로의 인생에서 이 이야기들을 실제로 만들어가게 됩니다. "할 수 있다고 믿든 할 수 없다고 믿든, 당신은 항상 옳아요"라는 유명한 말처럼요.

ditch 拋棄　get rid of 去除　deliberately 刻意的　propel 有助於前進
handle 解決、處理

Being positive is powerful.

Being positive doesn't mean you are in denial of reality or are too naive and believe the world is a fairy land. Being positive is a deliberate choice and is the ability to see the good in things everywhere. It's the power to not let circumstances take control of you. If you think you are a negative person, I have good news: no one is naturally born that way. A grateful person isn't someone who somehow only experiences pleasures in life. Everyone has a human brain, so if they can always find the good in all circumstances, you can do it, too.

● ● ●

正面思考會帶來力量

正面思考不代表否認現實，或是純真到會把現實世界視為精靈的國度。正面思考是刻意的選擇，也是能發掘萬物優點的能力，更是能讓我們不受環境影響的力量。如果你覺得自己是負面的人，我有個好消息要告訴你：沒有人天生就懂得正面思考。並不是只有人生順遂的人才善於感恩，所有人類的腦袋結構都相同，如果無論在任何環境下，這些人都能發現優點，你也能做到。

● ● ●

긍정적인 것은 힘이 있습니다.

긍정적이라는 것은 당신이 현실을 부정한다거나 세상이 요정 나라라고 믿을 만큼 순진하다는 것이 아닙니다. 긍정적인 것은 의도적인 선택이고, 어디서든 좋은 것을 볼 수 있는 능력입니다. 그것은 상황이 당신을 지배하지 않도록 만드는 힘입니다. 만약 당신이 부정적인 사람이라고 생각한다면 좋은 소식이 있습니다. 선천적으로 긍정적으로 태어나는 사람은 없습니다. 감사하는 사람은 인생에서 즐거움만 경험하는 사람들이 아닙니다. 모든 사람은 똑같이 인간의 뇌를 가지고 있기 때문에, 그들이 모든 상황에서 항상 좋은 것을 찾을 수 있다면 당신도 그것을 할 수 있습니다.

DAY
25

denial 否認　naive 純真　fairy land 精靈的國度　deliberate 刻意　ability 能力
circumstance 環境

Don't let it ruin your joy.

If you want true connection or influence, keep doing things that interest you. Don't let the anticipation of results ruin your joy. When you start doubting your service towards others because they are not rewarding you in return, you'll lose your spark. You have many ways to make money, but you chose to do something that wakes you up every day. When you become a person who can make money by doing what you love, you'll get the results you really want. But until you get there, be willing to disappoint the wrong crowd, be willing to have tons of fun, be willing to intentionally believe in yourself and your people. Enjoy every single step. Keep creating the change you want to see in the world.

DAY
26

• • • •

別破壞你的快樂

如果想擁有真摯的人際關係或建立影響力,請繼續進行令你感興趣的事物,別讓對成果的期待破壞現有的快樂。當你因得不到他人回報,而對自己提供的幫助與奉獻產生懷疑的瞬間,你會失去熱情的火花。賺錢的方法有很多種,但在這之中,你選擇了每天早上能夠喚醒你的職業。你成為能藉由熱愛的事物賺錢的人,就也一定能達成自己渴望的成就。不過在到達目的地之前,必須先經歷讓不在意的人感到失望、讓自己享受每個過程,以及有意地給予自己和身邊的人信任。盡情享受每一個步伐,繼續在這世界創造你所樂見的改變。

• • • •

기쁨을 빼앗기지 마세요.

진실한 관계와 영향력을 원한다면, 여러분이 흥미를 느끼는 일들을 계속하세요. 결과에 대한 기대가 당신의 기쁨을 망치지 않도록 하세요. 사람들이 당신에게 보상해 주지 않는다는 이유로 사람들에게 제공하는 나의 도움과 봉사를 의심하는 순간, 당신은 열정의 불꽃을 잃게 될 것입니다. 당신이 돈을 벌 수 있는 방법은 정말 많아요. 하지만 그중에서도 당신은 매일 당신을 깨우는 무언가를 선택했어요. 당신이 사랑하는 일로 돈을 벌 수 있는 사람이 되면, 당신은 당신이 정말로 원하는 결과를 얻게 될 거예요. 하지만 그 지점에 도착할 때까지는, 얼마든지 내가 원하지 않는 사람들을 기꺼이 실망시키거나, 모든 과정을 즐기거나, 그리고 당신 스스로와 당신의 사람들을 의도적으로 믿을 의지가 있어야 해요. 한 걸음 한 걸음을 즐기세요. 이 세상에서 보고 싶은 변화를 계속 만들어 가세요.

influence 影響力　anticipation 期待　ruin 破壞　intentionally 有意地

Nourish yourself.

Nourishing yourself is imperative. It will help you stay focused, produce quality results, make better choices, and become more intentional as you go through the day.

This is one of my favorite analogies. Let's say that someone offers you a meal, and in return you have to do whatever that person asks you to do. It sounds ridiculous, but if you think about it, you'll likely take the offer without hesitating if you've been starving for many days.

If you don't want to be dragged into doing things you don't want to do, feed your spirit. What makes you feel joyous? What helps you stay connected to your values? What brings out your best qualities? Find your own ways, and make it a routine.

DAY

27

• • • •

滋養自己

滋養自己是不可或缺的行為，滋養自己可以讓人保持專注力、達成優秀的結果、做出更棒的選擇，也能讓每一天都變得更有意義。讓我分享我最喜歡的一種比喻法：假設有人提供餐點給你，但要你必須答應他的所有要求作為回報。這儘管聽起來很可笑，但仔細想想，若是在已經餓了好幾天的前提之下，你一定會毫不猶豫接受這個提案。所以如果不願意被牽著鼻子走，就別讓你的靈魂挨餓。什麼能讓你開心？什麼能幫助你維持價值觀？又是什麼能帶出你最棒的一面？找到屬於自己的方法，然後養成習慣吧！

• • • •

스스로를 풍요롭게 하세요.

스스로를 풍요롭게 하는 것은 반드시 필요한 일입니다. 스스로를 풍요롭게 하는 것은 집중력을 유지할 수 있고, 좋은 결과를 낼 수 있으며, 더 나은 선택을 내릴 수 있고, 하루를 지내면서 훨씬 더 의도적으로 살 수 있게 도와줄 것입니다. 제가 가장 좋아하는 비유 중 하나를 말씀드리겠습니다. 누군가 당신에게 식사를 제공하고 그 대가로 그 사람이 시키는 것은 무엇이든 해야 한다고 가정해 보세요. 우습게 들릴 수 있지만, 생각해 보면, 만약 며칠 동안 계속 굶었다면 주저함 없이 그 제안을 받아들이게 될 것입니다. 원하지 않는 것에 끌려다니지 않으려면, 영혼을 배불리 하세요. 어떤 것이 당신을 기쁘게 하나요? 당신의 가치관과 지속적으로 연결되는 데 도움이 되는 것은 무엇인가요? 어떤 것이 당신의 최상을 이끌어 낼 수 있나요? 자신만의 방법을 찾아서 그것을 습관화시키세요.

nourish 滋養　imperative 不可或缺　analogy 比喻法　hesitate 猶豫
be dragged into 遷就

Take full ownership.

No one can give you the certainty that you need. No one can give you the perfect feeling you search for in others. Whatever you seek, you can find it from within yourself. The more you try to find the solutions from outside, the more you will be blinded from your own genius. Just take the first step. Take full ownership of your feelings. It will look something like this.
-You don't expect someone else to make you feel better.
-You make the choice, not because of someone, but because that's what you truly want.
If you can fully take charge of your life, you will get everything you'll ever need.

● ● ●
請掌握主導權

沒有人能提供你所需要的信心，也沒有人能給予你一直在他人身上尋找的完美情感。無論需要什麼，都能在你的內心找到。越想從外界找尋解決方法，我們就越看不見自己原有的天賦。請邁出第一步，掌握自己情感的主導權。已經掌握情感主導權的人：
‧不期待他人會為自己帶來喜悅
‧不為別人，只為自己真正的需求做選擇
如果你能全權對自己的人生負起責任，就能獲得你所需要的一切。

● ● ●
완전한 주도권을 가지세요.

아무도 당신에게 필요한 확신을 줄 수 없습니다. 그 누구도 당신이 다른 사람에게서 찾는 완벽한 감정을 줄 수 없습니다. 무엇을 찾든 당신의 내면에서 찾을 수 있습니다. 외부에서 해결책을 찾으려 할수록 이미 가지고 있는 자신만의 천재성을 놓치게 됩니다. 첫걸음을 앞으로 내디디세요. 당신의 감정에 대한 완전한 주도권을 가지세요. 자신의 감정의 주도권을 가진 사람은,
-누군가가 내 기분을 낫게 해 줄 거라고 기대하지 않습니다.
-다른 이 때문이 아니라, 자신이 진정으로 원하는 것이기 때문에 선택을 내립니다.
만약 당신의 삶을 완전히 책임질 수 있다면, 당신은 필요한 모든 것을 얻을 수 있을 것입니다.

----

ownership 所有（權）　 solution 解決方法　 blind 看不見　 take charge of 負起責任

Set up for success.

Create any environment that's easy for you to succeed in.
You may have experienced that when you feel empowered, you can easily tap into your inner wisdom. Pesky problems can't even bother you.
It's up to you to make yourself happy, generate your own energy, and be connected to your intentions. You can create an environment that makes it easy for you to do that. You can collect all your joyful moments in a notebook, make a go-to confidence boost playlist, or you can get creative and try your own idea. Whatever it is, make it a daily routine.
If you set your life up this way, you become unstoppable. No one can stop you or take your joy away.

DAY
29

● ● ●
為成功做好準備

請打造一個容易成功的環境。你應該體會過這種感受：當你覺得自己充滿力量，便能輕鬆活用內在的智慧，再棘手的難題也無法阻礙你。你能讓自己幸福、創造屬於自己的能量、與自己的人生目標連結，這些都取決於你。你可以為自己打造一個容易達成這些成果的環境，將所有愉快的瞬間寫在記事本上、建立一個能提升自信心的音樂播放清單，或是將你的創意付諸實踐。無論是什麼，請試著養成每天都能進行的習慣。若用這種方式籌備生活，你將成為誰也無法阻擋的存在，再也沒有人能妨礙或奪走你的快樂。

● ● ●
성공을 위해 준비하세요.

성공하기 쉬운 환경을 만드세요. 스스로 힘이 있다고 느껴질 때, 내면의 지혜를 쉽게 사용할 수 있다는 것을 경험한 적이 있을 거예요. 성가신 문제들도 여러분을 방해하지 못할 것입니다. 스스로를 행복하게 해 주고, 자신만의 에너지를 만들고, 삶의 의도와 연결되는 것은 당신에게 달려 있습니다. 이런 것들을 하기 용이한 환경을 당신이 만들 수 있어요. 당신은 모든 즐거운 순간을 공책에 담을 수 있고, 자신감을 높여주는 음악 재생 목록을 만들 수 있고, 당신은 창의적이 되거나 당신의 아이디어를 실현할 수 있습니다. 그게 뭐든 간에, 매일 할 수 있는 습관을 만들어 보세요. 이런 방법으로 삶을 준비한다면, 당신은 그 누구도 막을 수 없는 존재가 됩니다. 아무도 당신을 방해하거나 당신의 즐거움을 빼앗아 갈 수 없게 됩니다.

----

empower 賦予力量　tap into 使用／活用　pesky problems 棘手的問題　boost 提升
take away 奪走

Have fun in the way.

Are you having fun in the process of reaching your goals?
If not, you might want to check a few things.
First, check if you have created a goal from a place of scarcity.
Meaning, if the reason you set your goal is there's something wrong with where you are or you don't have enough chances are, you'll dread your way there.
Second, check if you forgot or dismissed your "why" and are caught up with just the action and result.
Ironically, the more you genuinely enjoy the journey rather than rushing into getting a result, the more you'll create.
So remember what first got you started. With that energy, be happy with the process of achieving your goals.

. . .

享受過程

在追逐目標的過程中，你是否感到快樂？如果答案是否定的，你應該先確認幾件事：第一，重新檢視自己是否在感受到短缺的狀態下立定了目標。也就是說，若你是因為當下的位置不適合自己、沒有獲得應得的機會而立下目標，那你也會對前往這個目標的路程感到害怕；第二，重新檢視自己是否早已遺忘，或是選擇忽視當初「為何」立下這個目標？以及自己是否僅沉迷於執行和成果。諷刺的是，比起為了製造成果急於奔波，越是真心享受過程，越能創造更多成果，所以別忘記最初開始的理由，也要享受用最初的熱情來實現目標的過程。

. . .

과정을 즐겁게 보내세요.

여러분은 목표를 달성하는 과정에서 재미를 느끼고 있나요? 그렇지 않다면 몇 가지 사항을 확인해 보는 것이 좋을 것입니다. 첫째, 결핍을 느끼는 상태에서 목표를 설정했는지 돌아봐야 합니다. 즉, 당신이 있는 곳이 잘못되었고, 당신에게 충분한 기회가 없다는 생각으로 당신의 목표를 정했다면, 그 목표를 향해 가는 길이 두려울 것입니다. 둘째, 당신이 "왜" 이 목표를 설정했는지를 잊어버렸거나 무시하고 있지는 않는지, 그리고 그냥 실천하는 것과 결과에만 집착하고 있지는 않은지 돌아봐야 합니다. 아이러니하게도, 결과를 성급하게 만들기 위해 달려드는 것보다, 진정으로 그 과정들을 더 즐길수록 더 많은 결과들을 만들 수 있습니다. 그래서 당신이 처음 시작하게 된 이유를 기억하세요. 그리고 그 에너지로 목표를 달성하는 과정을 즐겨 보세요.

- -

- -

- -

- -

- -

- -

- -

- -

- -

- -

- -

- -

- -

- -

scarcity 短缺　dread 害怕　dismiss 不重視　caught up with 沉迷於～
rush into 急於～

Don't make it a problem.

There is great power in powerlessness. There is great value in stillness. There is a lesson in every different chapter of your life. And, it's completely natural for you to have low energy at times. But the problem is you don't want to have those days at all, or you just don't know how to get out of a place where you feel like you're spiritually disconnected. So I'll tell you. First, don't make it a problem. It's not. Second, be a human. You are not a robot. You can still give so much value if you show up even with the low energy. Third, listen to the things that will lift you up without any pressure. Just expose yourself to things like inspiring books, songs, or any type of audio message.

● ● ●

DAY
31

別當回事

無力感有很大的力量、寂靜也有很大的價值,人生的所有篇章都有教誨。有時你會能量低落,這是理所當然的。不過容易導致問題的部分在於,對於這些日子完全排斥,或是不知道該如何擺脫這種精神萎靡的狀態。所以我要告訴你:第一、別把這些感受當回事,它們不足以構成問題;第二、扮演好人類的角色,你不是機器人。就算能量不足,你也能為正在做的事情帶來價值;第三、放寬心去傾聽那些能支撐你的聲音,讓自己沉浸在能帶來靈感的書籍、歌曲,或任何類型的聲音訊息之下。

● ● ●

문제로 만들지 마세요.

무력함에는 위대한 힘이 있습니다. 정체에는 큰 가치가 있습니다. 인생의 모든 장에는 교훈이 있습니다. 때때로 당신이 에너지가 떨어지는 것은 지극히 당연한 일입니다. 하지만 문제는 그런 날을 전혀 보내고 싶지 않거나 또는 영적으로 단절되었다고 느끼는 상태에서 벗어날 방법을 모르는 것이 문제라고 여길 수 있습니다. 그래서 말씀드립니다. 첫째, 그것을 문제 삼지 마세요. 문제가 아닙니다. 둘째, 인간이 되세요. 당신은 로봇이 아닙니다. 에너지가 부족해도, 그럼에도 내 할 일을 한다면 여전히 가치를 전달할 수 있습니다. 셋째, 당신을 일으켜 줄 것들에 아무런 부담 없이 귀를 기울이세요. 영감을 주는 책, 노래 또는 어떤 종류의 오디오 메시지에 그저 귀를 노출시키세요.

----

powerlessness 無力感　stillness 寂靜　spiritually 心靈上、精神上
lift someone up 支撐起某人　expose 表露

PART 04

Intention

"You don't have to wait to be that person."

- From day 35 -

「你不需要經歷等待才能成為那個人。」

"당신은 그 사람이 되기 위해 기다릴 필요가 없습니다."

Set an intention.

Setting an intention in the morning is a great way to design your day. Directly going through your day without intentional planning is like stepping back from the driver's seat and letting random people or events run your day. It's either you run the day, or the day runs you.

Ask questions like, "How do I want to show up today?", "What do I want to remember?", or "How do I want to handle the challenge if it comes up?"

All of these questions will help you live consciously instead of being on autopilot mode.

It doesn't take long. It can even take just one minute to choose one question and think about how you want to live your day. This simple practice can turn your same old day upside down.

DAY
32

• • • •

立定意向

於早晨立定意向，是規畫生活的好方法。沒有計畫、直接開始的一天，就像將駕駛座讓出、交給他人或事件帶領你前進。若你無法全權控制自己的生活，你就將被生活所控制。試問自己：「今天我想以何種樣貌生活？」「我想記住什麼？」或是「若遇上挑戰，我會如何處理？」這些問題將幫助你解除「自動模式」，讓你有意識地去過自己渴望的生活。不需要花太多時間，儘管只是用一分鐘的時間選擇一個問題，讓自己思考該如何度過今天，這樣簡單的練習也許會顛覆你每天看似相同的日常生活。

• • • •

목적을 세우세요.

아침에 목적을 세우는 것은 당신의 하루를 설계하는 좋은 방법입니다. 의도적인 계획 없이 하루를 바로 보내는 것은, 마치 당신이 운전석에서 물러나 앉아서, 다른 사람 혹은 사건에게 운전석을 맡겨 버리는 것과 같습니다. 즉, 여러분이 여러분의 하루를 오롯이 지배하던지, 그 하루가 여러분을 지배해 버리던지 둘 중 하나가 됩니다. "오늘 어떤 모습으로 살기 원하나?" "무엇을 기억하고 싶나?" 또는 "어려움이 발생할 경우 어떻게 대처하고 싶나?"와 같은 질문을 해 보세요. 이 모든 질문은 "자동 조종 모드" 대신 의식적으로 원하는 하루를 살 수 있도록 도와줍니다. 오래 걸리지 않아도 됩니다. 단 1개의 질문을 선택하고 하루를 어떻게 살고 싶은지 생각하는 데 1분밖에 안 걸릴 수도 있습니다. 이 간단한 연습은 매일매일 똑같기만 한 것 같은 우리의 일상을 완전히 뒤바꿔 줄 수도 있습니다.

Set an intention.

intention 意向　go through 經歷～　step back 退開
autopilot mode 自動模式　upside down 翻轉

If today was my last day…

One of my favorite questions to ask myself is, "If nothing changed, and today was my last day, what difference would I make from other ordinary days?"

I would want to start my day with a different energy. Appreciate everything that has been given to me, including my family, the place I live in, and my work. I would like to give my best and show up as the best version of myself. I would tell my dad how much I appreciate him and love him. I wouldn't waste my energy or time worrying. I would take massive actions. I start the day with this mindset. Everything then feels different. Instead of worrying and indulging, I can love more, live more, and do more.

DAY
33

● ● ● ●

若今天是最後一天……

「如果一切維持相同，只不過今天是人生的最後一天，我會如何把這天過得與平常不同？」這是我最喜歡的問題之一。我想我會用不同的活力開啟這一天，我想感謝一直以來我所擁有的一切，包含我的家人、我住的地方以及我的工作。我想用心做好每一件事、用最好的狀態出現在所有場合，我想對我的父親說出所有感謝以及愛意，我不會把精力或時間浪費在無謂的擔心之上。我會大量的行動，我想以這種心態度過這一天，那麼一切都會感覺不一樣。比起擔心或放縱，我可以更努力地去愛、去活著，甚至去完成更多事情。

● ● ● ●

오늘이 마지막 날이라면…

제가 가장 좋아하는 질문 중 하나는 "만약 모든 게 똑같은데 단지 오늘이 나의 마지막 날이라면, 다른 평범한 날들과 어떻게 다른 하루를 보낼까?"입니다. 저는 다른 에너지로 하루를 시작할 것 같아요. 지금까지 저에게 허락되고 주어진 모든 것들에 감사드리고 싶어요. 가족들, 내가 사는 곳, 그리고 지금 하는 일을 포함해서요. 저는 무엇이든 최선을 다하고 싶고, 어디든 최고의 상태로 나타나고 싶어요. 아버지께 얼마나 감사하고 사랑하는지 말씀드리고 싶어요. 쓸데없는 걱정을 하느라 에너지나 시간을 낭비하지 않을 거예요. 어마어마한 양의 행동들을 실천할 거예요. 저는 이런 마음으로 하루를 살아갑니다. 그러면 모든 게 다르게 느껴져요. 걱정하거나 무언가를 탐닉하는 대신, 저는 더 많이 사랑할 수 있고, 더 내 삶을 살수 있고, 그리고 무엇이든 더 많이 실제로 할 수 있습니다.

ordinary days 平常的日子　including 包含～　massive 大量　indulge 放縱

We have limited time.

We come across epiphanies at unexpected moments. I had one of them when I was reading a book called "Life Lessons." It said something like, "We often forget that we have limited time here on earth" and that simple fact just struck me.

Being aware that our time here is limited can help us reconnect with our values and appreciate the people close to us. That can bring tremendous abundance to our lives. This is my secret to having fulfilling relationships in my life. Whenever I find myself taking my family, or friends for granted, I take a deep breath and remember that I only have a limited time with them. How would your relationships be different if you let this fact sink in?

DAY 34

· · ·

我們的時間有限

我們總會在意外的時間點得到領悟,我在閱讀《人生真諦》這本書時就曾親身體驗。書中說到:「我們時常忘記自己在地球上的時間有限。」這個簡單的事實令我大吃一驚。意識到在地球上的時間有限,可以讓我們重新審視自己的價值觀,幫助我們對親近的人際關係產生感激,也能讓我們的生活變得更加豐富。這就是我能建立圓滿關係的秘訣,每當我發現自己把家人或朋友的存在視為理所當然,我會深呼吸,並告訴自己能和他們相處的時間有限。如果能充分理解這個事實,你的人際關係會有什麼變化?

· · ·

우리의 시간은 한정되어 있습니다.

우리는 예상치 못한 순간에 깨달음을 발견하게 됩니다. 저는 『인생 교훈』이라는 책을 읽었을 때 그런 적이 있었습니다. 거기에는 "우리는 종종 여기 지구에 시간이 한정되어 있다는 것을 잊곤 합니다"라고 쓰여 있었습니다. 그리고 그 간단한 사실이 절 놀라게 했습니다. 이곳에서 우리의 시간이 한정되어 있다는 것을 깨닫는 것은 우리 가치관에 다시 연결될 수도 있고, 가까운 사람들과의 관계를 감사하도록 도울 수 있습니다. 그리고 그것은 우리의 삶에 엄청난 풍요로움을 가져다줄 수 있습니다. 이것이 제가 인생에서 충만한 관계를 맺는 비결입니다. 가족이나 친구를 당연하게 여기는 나 자신을 발견할 때마다, 저는 심호흡을 크게 하고 그들과 함께하는 시간이 한정되어 있다는 것을 기억합니다. 이 사실을 충분히 인식한다면 여러분이 맺고 있는 관계들이 어떻게 달라질까요?

We have limited time.

 epiphanies 領悟的瞬間　unexpected 意料之外　struck 突然浮現　abundance 豐富
take a deep breath 深呼吸　sink in 充分理解

Choose who you want to be.

Imagine the best version of yourself. What are the three words that best describe the characteristics of this future you? Are you driven? Passionate? Kind? I've got news for you. You don't have to wait to be that person. You can choose to be that person starting right now. Actually, you must practice starting from today. Because the truth is, even though you have the perfect job and people who love you, if you don't have the skills to intentionally show up as the person you strive to be, you'll never become that person. You don't become what you want. You become what you are accustomed to.

Start every morning with this question, "Who do I choose to be today?"

• • •
選擇你想成為的人

想像一下你最棒的樣子,哪三個單詞最能貼切形容這個未來的你?你充滿動力嗎?你很熱情嗎?你待人親切嗎?我有個好消息要告訴你:你不需要經歷等待才能成為那個人。現在開始,你就有成為那個人的選擇權。實際上,你需要從今天開始練習,為什麼呢?因為就算你擁有完美的職業、愛你的人,如果你無法刻意的展現出你努力想成為的模樣,你永遠無法真正地成為那個人。你不會成為渴望的樣子,只能維持原本熟悉的模樣。每天早晨用這個問題開啟一天吧:「今天的我選擇成為哪一種人?」

• • •
어떤 사람이 되고 싶은지 선택하세요.

당신의 가장 좋은 모습을 상상해 보세요. 미래의 당신의 특징을 가장 잘 설명하는 세 단어는 무엇입니까? 당신은 추진력이 있나요? 열정적인가요? 친절한가요? 당신을 위한 소식이 있습니다. 당신은 그 사람이 되기 위해 기다릴 필요가 없습니다. 지금부터 그 사람이 되는 것을 선택할 수 있습니다. 사실 오늘부터 연습하셔야 해요. 왜냐하면, 당신이 완벽한 직업과 당신을 사랑하는 사람들을 가졌어도, 만일 당신이 노력해서 되고 싶은 그 사람으로서의 모습을 의도적으로 나타내려는 기술을 가지지 못한다면, 당신은 영원히 그 사람이 될 수 없을 것이기 때문입니다. 당신은 원하는 사람이 되지 않습니다. 당신이 계속 익숙해진 그 사람이 되는 거예요. 매일 아침 이 질문으로 시작하세요. "오늘 나는 누구로 살기로 선택할 것인가?"

Choose who you want to be.

passionate 熱情的　intentionally 有意的　strive to 努力　be accustomed to 熟悉

Life isn't a fairy tale.

Imagine you've achieved every single goal in your life.
-You've made the 50-million-dollar mark.
-You've gotten married to the partner of your dreams.
-You have an amazing body.
What happens next? Life isn't a fairy tale that ends with "They lived happily ever after." I'll tell you something you may already know. Nothing changes after all the flashy big accomplishments. At the end of the day, you still live an imperfect human life. If you'll be a better person only after you get what you want, the game will never end. You'll need to make more and more money, and it'll never be enough. So, why don't we just be better people now? Why don't we choose to be happier now and enjoy the journey?

DAY 36

● ● ●

人生不是童話

想像一下，若你已經達成所有人生目標：
・賺到五千萬美金 ・和夢想的伴侶結婚 ・擁有最理想的身材
那麼下一步是什麼？人生不是以「從此過著幸福快樂的日子」為結局的童話故事，也許你早已明白我要說的話。即使獲得輝煌成就也不會改變，到頭來，我們仍舊擁有不完美的生活。如果必須得到想要的東西才能成為更好的人，這場遊戲永遠不會結束。你需要越賺越多錢，並永遠無法滿足。所以，何不從現在開始就成為更好的人？現在就讓自己更幸福，好好享受這趟人生旅程？

● ● ●

인생은 동화가 아닙니다.

삶의 모든 목표를 이루었다고 상상해 보세요.
- 당신은 5,000만 달러를 벌었습니다. - 당신은 꿈꾸던 파트너와 결혼했습니다. - 당신은 멋진 몸을 가지고 있습니다.
그럼 그다음은 어떻게 되나요? 삶은 "그들은 평생 행복하게 살았습니다."로 끝나는 동화가 아닙니다. 이미 당신이 알고 있을 수 있는 이야기를 해 드리겠습니다. 눈부신 큰 성과를 거두고도 변하는 것은 없습니다. 결국 가장 중요한 것은 당신은 여전히 불완전한 인간의 삶을 살아간다는 것입니다. 원하는 것을 얻어야만 더 나은 사람이 될 수 있다면, 그 게임은 영원히 끝나지 않을 것입니다. 당신은 점점 더 많은 돈을 벌어야 할 것이고, 그건 영원히 충분하지 않을 테니까요. 그러니 지금 좀 더 나은 사람이 되는 게 어때요? 지금 좀 더 행복해지고, 인생이라는 여정을 즐겨보는 건 어떨까요?

fairy tale 童話故事　flashy 輝煌的、絢爛的　at the end of the day 到頭來
imperfect 不完美

Don't be confused.

Feeling is always a choice. Every feeling has a purpose and can be switched to another with new thoughts. In other words, you are confused not because that's how you are, but probably because you want to feel confused.

It's one hundred percent fine to feel whatever you want. All you need to know is that you have a choice. And if that feeling becomes a habitual thing that doesn't do you any good, you can choose to stop.

So, if feeling confused doesn't help you, stop being confused.

Stop saying, "I don't know." Instead, say, "It's okay if I don't have the answers. I'll figure it out along the way."

● ● ● ●

無須困惑

我們可以隨時選擇自己的情緒。所有情感的產生都有目的，也可以受新的想法影響，轉換成其他情感。換句話說，你之所以困惑，其實和你的本質無關，恐怕是你心甘情願感到困惑罷了。我們百分之百可以自由感受想要的情緒，但你必須知道，我們握有情感的選擇權，以及有權力制止那些毫無益處、習以為常的情緒。也就是說，如果困惑對你沒有幫助，現在就可以停止感覺困惑。別再說：「我不知道。」請告訴自己：「現在不知道正確答案也沒關係，之後慢慢釐清就好了。」

● ● ● ●

혼란스러워하지 마세요.

감정은 언제나 선택할 수 있습니다. 모든 감정에는 목적이 있고, 새로운 생각을 통해 다른 감정으로 바뀔 수 있습니다. 다시 말해, 당신이 혼란스러운 이유는 당신이 그런 사람이기 때문이 아니라 아마도 혼란스러워하고 싶기 때문일 것입니다. 당신이 원하는 감정을 느끼는 것은 100% 괜찮습니다. 당신이 알아야 할 것은 감정에 선택권이 있다는 것입니다. 그리고 만약 어떤 감정이 당신에게 아무런 도움이 되지 않는 습관적인 것이 되었다면, 그 감정을 멈추는 것 또한 선택할 수 있습니다. 그러니 혼란스러움이 도움이 되지 않는다면 이제 그만 혼란스러워하세요. "모르겠어."라고 말하지 마세요. 대신 "지금 내가 답이 없어도 괜찮아. 앞으로 찾아가면 돼"라고 말해 보세요.

confused 困惑　be switched 轉換　habitual 習慣性　figure it out 釐清

Be selfish.

Give yourself what you deserve. Whether it's quality time by yourself, taking on a new challenge, or investing in yourself, you should be willing to be selfish for selfless reasons.

Your friend might invite you to come to her party, and of course, if you want to be there, you can. But don't be a people pleaser just because you are afraid she might be upset. We have limited time and energy. At the end of the day, you must prioritize what matters most. Think how you can serve people not just for their own good, but in a way that also feels joyous to you. Think how much more you can contribute if you are not afraid to be judged, and instead decide to focus on growth.

• • •

自私一點

請給予自己應得的獎勵,無論是專屬的優質時光、全新的挑戰或是自我投資,我們都該以利他的角度,欣然對自己自私。你也許會收到親友的派對邀請函,如果不排斥當然可以前往參加,但千萬別因為害怕對方難過,就讓自己成為只懂得愉悅他人的那種人。我們的時間和精力都有限度,必須將自己放在優先順位。別只考慮他人的感受,想想同時能讓自己開心,也能照顧其他人心情的方法,想想如果你不再害怕接受他人評判,將精力完全集中於自我成長,你將能帶來多少貢獻。

• • •

이기적이 되세요.

당신이 마땅히 받아야 할 것들을 스스로에게 주세요. 혼자만의 의미 있는 시간이든, 새로운 도전을 하는 것이든, 혹은 나 자신에게 투자하는 것이든, 이타적인 이유로 기꺼이 이기적이 되어야 합니다. 당신의 친구는 당신을 그녀의 파티에 초대할 수 있습니다. 그리고 물론 당신은 거기에 가고 싶다면 갈 수 있어요. 하지만, 그 친구가 속상해할까 봐 두려워서 다른 사람을 기쁘게 하는 사람이 되지는 마세요. 우리의 시간과 에너지는 한정되어 있습니다. 결국 나에게 가장 중요한 것들을 우선순위에 두어야 해요. 그저 다른 사람을 위해서만이 아니라 당신에게도 역시 기쁨이 되는 방식으로 사람들에게 봉사하는 방법을 생각해 보세요. 만약 당신이 평가받는 것을 두려워하는 것 대신 성장에 집중하기로 결정한다면 얼마나 더 많이 기여할 수 있는지 생각해 보세요.

selfish 自私　invest 投資　prioritize 排定優先順序　contribute 貢獻
judge 評價、評判

Slow down.

Every day, take at least 5 to 10 minutes to slow down. Pause for a moment, and take a deep breath. As you breathe out, imagine you are releasing all the toxic thoughts and energy from your body. You can also do your own version of quiet prayer or meditation. My recommendation is that you take time to have a conversation with your 97-year-old self, and expand on all your best qualities.

The difference you'll make by taking a few minutes to slow down will be significant. People who stay focused, connected to their values, and continuously show excellent performance in every area of their lives always take their own time to prime themselves.

Try it. Not just for the inner peace, but for creating the life you deserve.

● ● ●

放慢速度

每天花五到十分鐘的時間放慢速度,暫停一下、深呼吸。吐氣的同時,想像你也將所有不好的想法和能量一起釋放,也可以選一種適合自己的方式,用這段時間安靜的祈禱或冥想。我推薦可以嘗試與未來97歲的自己對話,或是盡情放大自己的各種優點。儘管只是減速幾分鐘,這段時間卻可以帶來顯著的改變。那些能夠保持專注力、堅持自身價值觀、在各個領域都表現優秀的人們,都會保留專屬於自己的時間,把自己放在主要的位置。請試試看,這不僅是為了達到心靈上的平靜,更可以幫助我們創造應該享受的生活。

● ● ●

속도를 줄이세요.

매일 5분에서 10분 정도 속도를 줄이는 시간을 가지세요. 잠시 멈추었다가, 심호흡을 하세요. 숨을 내쉬면서 모든 안 좋은 생각과 에너지를 내보낸다고 상상해 보세요. 또는 나에게 맞는 방식으로 조용히 기도하거나 명상을 해 보는 시간을 가져 보세요. 97세가 된 미래의 자신과 대화하는 시간을 가져 보거나 내가 가지고 있는 모든 강점을 확장시키는 것도 추천합니다. 단 몇 분이지만, 이 시간을 가짐으로써 만들게 되는 차이는 굉장합니다. 집중력을 유지하고, 자신의 가치관과 연결된 삶을 살고, 삶의 모든 영역에서 지속적으로 뛰어난 성과를 보이는 사람들은 언제나 이런 자신만의 시간을 갖고 자신을 최상화 시킵니다. 시도해 보세요. 단지 마음속에 평안함을 누리기 위해서뿐만 아니라, 당신이 마땅히 누려야 할 삶을 창조하는 데 있어서 도움이 될 것입니다.

Slow down.

slow down 放慢速度　take a deep breath 深呼吸　release 釋放、排放
meditation 冥想　prime 主要的

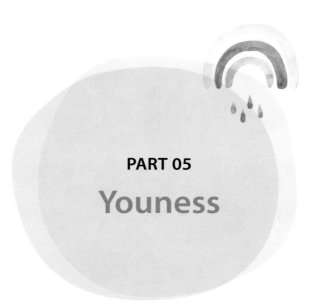

PART 05

Youness

"Be brave enough to be unapologetically you."

- From day 41 -

「 抱持理直氣壯做自己的勇氣。 」

"스스로에 대해 사과하지 않는 용기를 가지세요."

You are the sum of everything beautiful.

If you are wondering who you really are, try this. Think of all the proud and grateful moments where you felt a deep sense of love, fulfillment, and joy. Ask yourself, "What was so special about this moment that it's still alive in my heart?", "What did I hear?" "What did I see?", and "What did those moments mean to me?" Take your time to answer each. The answers will tell you what you value, and who you really are on a spiritual level. If you can, step into those moments right now as if you are living it again. Feel every inch of all the amazing feelings. You are kindness, love, passion, strength, possibilities, and victory. You are the sum of all these beautiful gifts. That's who you really are.

DAY
40

• • •
你是一切美好的總和

如果你好奇自己究竟是怎樣的人,請這樣做:回想那些美好又令你感激的瞬間,當你體會到深刻的愛情、成就感和喜悅的那些時刻,並問自己:「這些時刻為何如此特別,讓我至今難以忘懷?」「我聽到了什麼?」「我看到了什麼?」以及「這些時刻對我而言,有什麼特殊意義?」仔細回答每一個問題,這些答案會反映出你的個人價值和精神層面的真實模樣。如果可以,就像仍活在那個時空一樣,立刻踏入這些回憶裡,全面地去體會每個讓你出乎意料的感覺與情緒。

你是親切、愛情、熱情、力量、潛力以及勝利,你是一切美好天賦的綜合體,這就是真正的你。

• • •
당신은 아름다운 모든 것의 총합입니다.

당신이 진짜 누구인지 궁금하면 이것을 시도해 보세요. 당신이 깊은 사랑, 성취감, 그리고 기쁨을 느낄 자랑스럽고 감사한 순간을 생각해 보세요. 스스로에게 물어보세요, "그 순간들이 뭐가 그렇게 특별해서 아직도 내 가슴속에 살아 있을까?", "내가 어떤 걸 들었었지?", "뭘 봤지?" 그리고 "그것들이 나에게 어떤 의미들이었지?" 그 각각의 질문들에 천천히 답변해 보세요. 그 대답들은 당신이 어떤 것에 가치를 두는지, 그리고 영적으로 진정 어떤 사람인지 말해줄 거예요. 가능하다면, 다시 그때를 살고 있는 것처럼 지금 당장 그 순간들로 걸어 들어가 보세요. 그 놀라웠던 느낌과 감정들을 하나도 빠짐없이 모두 느껴 보세요.

당신은 친절, 사랑, 열정, 힘, 가능성, 그리고 승리입니다. 당신은 이 모든 아름다운 선물들을 합친 사람이에요. 그게 진짜 당신이에요.

You are the sum of everything beautiful.

sum 總和　wonder 好奇　step into 踏入　every inch 每一吋

Be unapologetically you.

Don't let disappointment of others hold you back. Don't let others' opinions get to you.

Stay true to your values. Listen to your intuition and be free to be creative in your own way.

If you try to stop others from judging you, you'll always have to over-explain yourself, doubt your process, say things you don't actually mean, and do things that are not in alignment with who you truly are.

And in the end, you'll end up with people who want "their version" of you.

Be brave enough to be unapologetically you. Let them be disappointed if they want; don't manipulate anyone into liking you. Own who you are. With this special gift, you'll heal, you'll inspire, and you'll liberate others to be themselves as well.

• • •

理直氣壯做自己

別因他人的失望而停下腳步、別被他人的意見所影響，要堅持你的價值觀、傾聽你的直覺，別害怕用自己的方式發揮創意。如果想盡力阻止他人批判，你必須時常進行非必要的說明、懷疑自己的執行過程、說許多違心的話，甚至做出不符合自己實際個性的行為。這麼一來，你只能以「別人期待的」模樣過日子。請抱持理直氣壯做自己的勇氣，如果那些人心甘情願，就讓他們繼續失望吧！別為了討人喜歡而試圖操控他人，只需要展示完整的自己，當你選擇做自己，就能用你的天賦療癒他人、提供靈感，讓那些人也能用原本的樣貌自由生活。

• • •

스스로에 대해 사과하지 마세요.

다른 사람들의 실망이 당신을 멈춰 서게 두지 마세요. 다른 사람들의 의견이 당신에게 영향을 주게 하지 마세요. 여러분의 가치관에 충실하세요. 스스로의 직관에 귀 기울이고 당신만의 방법으로 창의적이 되는 데 주저하지 마세요. 다른 사람들이 여러분을 판단하는 것을 막으려고 노력하다 보면, 항상 사람들에게 불필요한 설명을 하게 될 것이고, 당신의 과정들을 의심하게 되고, 진심이 아닌 말을 하게 되고, 여러분 스스로와 일치하지 않는 행동들을 하게 될 거예요. 그리고 결국에는, 여러분은 '다른 사람들이 원하는' 여러분의 모습으로 살아가게 될 거예요. 스스로에 대해 사과하지 않는 용기를 가지세요. 만약 그들이 원한다면 실망하도록 놔 두세요. 다른 사람들이 당신을 좋아하도록 이런저런 행동을 하지 마세요. 당신을 오롯이 드러내세요. 그렇게 할 때 당신의 그 특별한 재능으로, 당신은 다른 사람들을 치유하고, 영감을 주고, 그리고 그들도 당신처럼 그들의 모습대로 자유롭게 살 수 있도록 해 줄 거예요.

unapologetically 毫不愧疚、理直氣壯　opinion 意見　alignment 符合
manipulate 操控　liberate 解放

Refuse to fit in.

Do you sometimes compromise your values just to "fit in?" When being highly sensitive is an amazing gift that allows you to appreciate and savor small moments in life, you shame yourself for being "high maintenance" to other people. You sometimes pretend to complain or gossip with others just to socialize and secretly feel bad inside. Liberate yourself from all actions that you do just to fit in. Otherwise, you'll end up with people you don't want to spend time with. They won't even know who you really are. Own your truths and be a shining example of authentic. Say what's real and be real. Regain your power by fully loving your imperfect humanity.

• • •

拒絕配合

你是否偶爾會為了「配合他人」而妥協？若你是高度敏感的人，你擁有能夠仔細品味和欣賞人生所有微小瞬間的驚人天賦。你會因為自己比他人「更挑剔」而感到自責，有時候會為了融入社會生活而抱怨工作、說別人壞話，導致內心過意不去。試著從配合他人的行為中解放吧！不然最終只會和不適合的人們打成一片，那些人根本搞不清楚你真實的樣貌。請珍惜自己的信念、成為他人能仿效的對象，說出自己真正的想法並付諸於實踐，先從愛上自己不完美的人性著手找回力量吧！

• • •

어울리는 것을 거부하세요.

당신은 단지 "어울리기" 위해 때때로 자신의 가치를 타협하나요? 여러분이 매우 예민하다면, 그건 인생의 작은 순간들을 음미하고 감상할 수 있는 놀라운 재능임에도, 여러분은 내가 다른 사람들에게"까다롭게" 군다는 사실에 수치심을 느낍니다. 여러분은 때때로 그저 사회적으로 어울리기 위해 일에 대해 불평하고 다른 사람을 험담합니다. 그러고는 내면에서 기분이 안 좋아지죠. 그러니 단순히 어울리기 위한 행동들에서 자유로워져 보세요. 안 그러면 결국 당신은 자신이 어울리고 싶지도 않은 사람들과 함께 할 거예요. 그들은 본래 당신이 어떤 사람인지 알지도 못할 거예요. 여러분이 믿는 것들을 오롯이 간직하며 진정한 사람의 본보기가 되어 보세요. 진짜 생각을 말하고, 그리고 진짜가 되세요. 먼저 본인의 불완전한 인간성을 완전하게 사랑함으로써 힘을 되찾아 보세요.

refuse 拒絕　fit in 適應　compromise 配合　savor 品味
high maintenance 挑剔的、費神的　authentic 真實的

Own your beauty.

What do you see when you look at yourself? Sometimes it's easy for you to see good things in others, but when somebody compliments you, it's hard to take it. And sometimes, you don't even think you deserve it. You don't see how amazing you are. So let me tell you. You possess a beautiful soul. You have superpowers that can help people. Your genius creativity is a diamond that the world desperately needs. Your presence lights up the room. You are strong, not because you don't break, but because you are born anew each time. You are not perfect, and that's what makes you such an attractive human. Own your beauty. Be yourself. That's the best gift you can give to the world.

• • •
承認自己的美麗

看著自己時,你看見了什麼?發現別人的優點或許很簡單,接受稱讚卻不是件容易的事,偶爾我們甚至覺得自己沒有接受稱讚的資格。你無法了解自己有多好,所以讓我來告訴你:你擁有美麗的靈魂、能幫助他人的超能力,你天才般的創造力就像鑽石一樣令人迫切渴望,你的存在能點亮整個空間。你很強壯,但不代表你不會受傷,而是每一次都經歷了重生;你並不完美,這讓你成為充滿魅力的人。請承認你的美麗、堅持做自己,這就是你能為這世界帶來最棒的禮物。

• • •
자신의 아름다움을 받아들이세요.

당신은 자신을 볼 때 무엇을 보나요? 다른 사람에게서 좋은 면을 보는 것은 쉬운데, 누군가가 당신을 칭찬하면 받아들이기 어렵습니다. 그리고 가끔은 스스로가 그럴 자격이 없다고 생각하기도 하죠. 당신은 당신이 얼마나 멋진지 보지를 못해요. 그러니까 제가 말해 줄게요. 당신은 정말 아름다운 영혼을 가지고 있어요. 당신은 사람들을 도울 수 있는 초능력을 가지고 있어요. 당신의 천재적인 창의력은 세상이 절실히 필요로 하는 다이아몬드입니다. 당신의 존재는 방 전체를 밝혀 줍니다. 당신은 강해요. 당신이 부러지지 않아서가 아니라 매번 새로 태어나기 때문이에요. 당신은 완벽하지 않아요. 그리고 그것이 당신을 매력적인 사람으로 만들어요. 당신의 아름다움을 받아들이세요. 당신다워지세요. 그것이 당신이 세상에 줄 수 있는 최고의 선물이에요.

compliment 稱讚　possess 擁有　desperately 非常、迫切的　own 承認

Shine brighter.

If you are a creative, self-expressive person, and possess a unique gift, you will always meet two different crowds.

The first crowd are the people who tell you you should tone it down a little bit. They want you to be just "average" or "compliant." They will score you from their own perspectives and the way they accustomed themselves to "the rules."

The second crowd are the people who see the magic in you. They adore you and support you. They get you and love everything about you. Their lives are changed because of you. Don't dim your light because of the wrong crowd. Focus on love and support instead of toxic criticism disguised as feedback. Shine brighter.

● ● ●

盡情發光吧

如果你是充滿創意、自我表現力強、擁有特別才能的人，通常會遇見另外兩種類型的群眾。第一種，總是告訴你該低調行事的人。這種類型的群眾都希望你做個「平庸」且「順從」的人，他們總是用自己的觀點和習以為常的「規矩」來評斷你。第二種，能夠看見你內在魔法的人。這種類型的群眾喜愛並支持著你，他們理解你、願意接受你的全部，他們的人生也因你而展生變化。別因為不合適的群眾而減弱自己的光芒，比起聽取偽裝成回饋的批判，請專注於愛和支持，盡情發光吧！

● ● ●

더 밝게 빛나세요.

만약 당신이 창조적이고, 자기 표현력이 뛰어나고, 특별한 재능을 가지고 있다면, 당신은 항상 다른 두 종류의 군중을 만나게 될 것입니다. 첫 번째 군중은 여러분에게 조금 더 절제해야 한다고 말하는 사람들입니다. 여러분이 그저 "평균", "순응하는" 사람이 되기를 원하는 사람들입니다. 그들은 자신의 관점과 자신들이 익숙해진 "규칙"에 따라 당신을 평가할 것입니다. 두 번째 군중은 당신 안에 있는 마법을 보는 사람들입니다. 그들은 당신을 사랑하고 지지합니다. 그들은 당신을 이해하고, 당신의 모든 것을 사랑합니다. 그들의 삶은 당신을 통해 변화되었습니다. 나쁜 군중들 때문에 당신의 빛을 어둡게 낮추지 마세요. 피드백으로 위장한 독설보다는 사랑과 지지에 집중하세요. 더 밝게 빛나세요.

self-expressive 自我表現　tone it down 減弱　compliant 順從
accustomed to 習以為常　disguise 佯裝、偽裝

Be fair.

If you are going to talk about your weakness, don't just stop there.
If you are going to tell me your weakness is exactly the reason why you can't love yourself, please talk about your strengths, too. Give your achievements, talents, and infectious smile a chance. They deserve your credit.
Do the same thing in a relationship. If you are going to complain about someone, be fair and say how they have grown you into a better person. No one's perfect. Some seem perfect only because we haven't looked close enough. I invite you to give more credit to yourself.

● ● ●

保持公平

如果你要談論自己的弱點，別光停在這裡。如果你認為這些弱點是導致你無法愛自己的理由，為了公平起見，也列出自己的優點吧！給予自己的成就、才能和充滿魅力的微笑一個機會，這些長處都值得接受讚許。談論人際關係時也得保持公平，如果對誰產生抱怨，同時也要點出那個人是如何協助你成長。沒有人是完美的，而那些看似完美的人，只是我們的觀察不夠仔細罷了。請給予自己更多肯定。

● ● ●

공평해지세요.

만약 당신의 약점에 대해 이야기할 거라면, 거기서 멈추지 마세요. 만약 당신이 바로 그 약점 때문에 자신을 사랑할 수 없다고 이야기할 거라면, 공평하게 자신의 강점에 대해서도 이야하세요. 당신의 업적, 재능, 매력 있는 미소에 기회를 주세요. 그것들은 당신의 칭찬을 받을 만해요. 관계에서도 똑같이 공평하게 이야기하세요. 만약 당신이 누군가에 대해 불평을 할 것이라면, 그들이 당신을 어떻게 더 나은 사람으로 성장시켰는지 말하세요. 완벽한 사람은 없습니다. 완벽해 보이는 사람은 단지 자세히 보지 않았기 때문에 그렇게 보이는 것입니다. 자신을 더 인정해 주세요.

DAY
45

weakness 弱點　infectious smile 充滿魅力的微笑　give a chance 給予機會

Love your flaws.

Your flaws are what make you special. You are not a flawless robot.
You are a beautiful, imperfect human. There can be many things you
are not good at. Maybe you lack attention to detail, maybe you're
disorganized or maybe sometimes you get too emotional.
However, you are very creative. You go above and beyond when it comes
to what you're passionate about. You have a perspective that keeps you
loving, kind, and supportive to yourself, your team, and your family.
Don't judge yourself for your flaws and love them instead. When you are
brave enough to be vulnerable, there's so much more you can do.

● ● ●
愛你的缺點

擁有缺點令你特別。你不是沒有瑕疵的機器人,你是美麗但不完美的人類,你
也許有很多不擅長的事,也許你對細節不太在意、不善於整理物品、偶爾過度
情緒化,不過你非常有創意,面對熱衷的事物會盡心盡力。關於該如何愛護、
善待、支持你自己、你的團隊和家人,你有自己的觀點。比起批判,請愛你的
缺點。當你臣服於脆弱,你將擁有無限可能。

● ● ●
당신의 흠을 사랑하세요.

당신의 결점은 당신을 특별하게 만듭니다. 당신은 흠 없는 로봇이 아닙니다. 당신은 아름답고 불완전한 인간입니
다. 당신이 잘하지 못하는 것이 많을 수 있습니다. 아마도 당신은 꼼꼼함이 부족하거나, 물건을 정리하지 못하거
나, 때때로 너무 감정적일 수 있습니다. 하지만 당신은 매우 창의적입니다. 당신은 당신이 열정을 가지고 있는 것
에 대해서 그 이상의 것을 합니다. 당신은 당신 스스로와 팀, 가족을 사랑하고, 친절하고, 지지할 수 있는 관점을 가
지고 있습니다. 자신의 결점을 판단하지 말고, 사랑하세요. 취약해질 만큼 용감해질 때, 할 수 있는 일이 훨씬 더
많아집니다.

Love your flaws.

flaw 瑕疵　be good at 擅長　when it comes to 關於～　perspective 觀點
vulnerable 脆弱

Practice self-image.

No matter how much others adore you and think you are special, those compliments mean nothing if you don't believe it yourself. Your self-image affects you more than anyone else's image of you. How do you see yourself right now? Is your worth based on your appearance? Is it based on results you create? Is it based on your productivity? If you are trying to prove something so that you can feel better about yourself, nothing will ever be enough. Who you are right now is someone who is always worthy. Start practicing self-image, so you will no longer have to validate anything to anyone. Then you can crush at whatever it is you love doing, not because you must prove it, but because you can.

● ● ●

練習自我形象

無論別人多麼疼愛你、覺得你多麼特別,若是你不認同,這些稱讚都毫無意義。你所認定的自我形象,遠比他人眼中的印象還要有影響力。你是如何看待自己的呢?你的個人價值是建立在外貌之上嗎?還是以過去自己親手打造的成就或現在的生產力為基礎?如果需要靠外力證明自己才能提升自信,那就沒有任何事能讓你滿足。現在的你已經非常有價值,只需要練習自我形象,直到你無須仰賴他人的證實。也要努力將自己所愛的事情做到最好,不是為了向誰證明,而是因為你有足夠的能力。

● ● ●

자아 이미지를 연습하세요.

다른 사람들이 당신을 얼마나 사랑하고, 당신이 특별하다고 생각하든 간에, 당신이 그것을 믿지 않는다면 그 칭찬은 아무 의미 없습니다. 당신의 자아 이미지는 다른 사람이 당신을 보는 이미지보다 당신에게 더 많은 영향을 줍니다. 당신은 지금 자신을 어떻게 보고 있나요? 당신의 가치는 당신의 외모에 기반하고 있나요? 당신이 만들어내는 결과에 기반하고 있나요? 당신의 생산성에 기반을 두고 있나요? 만약 당신이 당신에 대해 좀 더 기분 좋게 느끼려고 자신에 대해 무언가를 증명하려고 한다면, 그 어떤 것도 충분하지 않을 것입니다. 지금의 당신은 언제나 가치가 있습니다. 더 이상 다른 사람에게 아무것도 검증할 필요가 없도록 자아 이미지를 연습해 보세요. 그리고 당신이 사랑하는 그 일을 멋지게 잘 해내세요. 누군가에게 증명해야 하기 때문이 아닌, 당신에겐 그럴 능력이 있기 때문이죠.

self-image 自我形象　adore 疼愛　compliment 稱讚　based on 以～為基礎
validate 證實　prove 證明

Focus on your strengths.

Focus on your strengths. Develop what you can do best. Focusing on your strengths does not mean you get to skip all the work that makes you feel uncomfortable and only do things that feel "natural" to you. That's just giving into urges. It really means jumping into the pool of uncertainty and using your strength to figure out all the challenges of life, which at times make you feel like you want to run away. Everyone has their own strengths. If you don't know yours yet, look them up. If positivity is your strength, use it to make work fun. Help people see the bright side. Help everyone win the game. Think about how you can integrate your strengths to bring out excellence.

● ● ●
專注於自己的長處

請多看自己的長處,開發你最擅長的天賦。專注於自己的長處不代表可以跳過令你感到不舒服的步驟,僅進行令你感到「自然而然」的那些事情。那樣的話,只不過等於向自己的欲望屈服罷了。專注於自己的長處代表你願意跳入不確定的情況,偶爾遇上想逃避的難事也能運用自己的能力克服。每個人都有自己的長處,若你尚未發掘,請用心尋找。如果樂觀是你的長處,就利用樂觀讓自己享受手邊的工作、協助他人樂觀的面對各種情況,製造雙贏的局面。思考一下你能如何將長處融會貫通,表現出自己的最佳狀態。

● ● ●
강점에 집중하세요.

당신의 강점에 집중하세요. 당신이 가장 잘할 수 있는 것을 개발하세요. 당신의 감정에 집중한다는 것은 당신을 불편하게 만드는 모든 일을 건너뛰고 당신에게 "자연스럽게" 느껴지는 일들만 하면 된다는 것을 의미하지는 않습니다. 그건 단지 내가 하고 싶은 욕구에 굴복하는 것에 지나지 않습니다. 강점에 집중한다는 것은, 불확실함 속으로 뛰어들고, 때때로 도망치고 싶은 모든 어려운 일들도 당신의 힘을 사용해 해결한다는 것을 의미합니다. 사람마다 자신만의 강점이 있습니다. 아직 당신의 강점을 모른다면 찾아보세요. 만약 긍정이 당신의 강점이라면, 당신이 하고 있는 일을 즐겁게 할 수 있게 긍정을 사용해 보세요. 사람들이 긍정적으로 상황을 바라볼 수 있도록 도우세요. 모두가 이길 수 있도록 도우세요. 자신의 강점들을 통합하여 최상을 이끌어낼 수 있는 방법에 대해 생각해 보세요.

focus on 專注於～　give into 屈服於（誘惑）　urge 欲望、衝動　jump into 跳入
at times 偶爾　integrate 融會貫通

Be honest with yourself.

What is it that you truly want? What's holding you back from it? Is it fear? Or is it lies? Don't tell yourself you are not passionate or you are not talented enough to do important things. Don't tell yourself you are not a leader because you are not the right person. Being rich is not evil. Having power is not lonely. They are nothing more than neutral tools to get what you want. If you want to control people or prove that you are superior, that's what you will create using those tools. If you want to serve people and help them live an abundant life, that's what you will create using those tools. Which tools you choose will show you who you are. So, be honest about what you want. And don't let anything stop you.

● ● ●

對自己誠實

你真心渴望的是什麼？你和這個目標之間有著什麼樣的阻礙？是害怕嗎？還是謊言？別告訴自己是因為不夠有熱忱，或是天資不足才無法勝任重要任務，別告訴自己是因為不適合，才無法站在隊伍的最前面。致富不邪惡、擁有權力也不一定孤獨，金錢與權力只不過是能協助我們獲得內心渴望的「中立工具」。如果想控制他人或渴望得到優越感，你會需要這些工具。如果想為他人服務或是想協助他人過上豐足的生活，你也需要這些工具。我們選擇的工具會反映我們的地位，所以請誠實面對你的欲望，別讓任何事阻礙你。

● ● ●

스스로에게 솔직해지세요.

당신이 진정으로 원하는 것이 무엇인가요? 무엇이 당신을 가로막고 있나요? 두려움인가요? 아니면 거짓말인가요? 자신이 열정이 부족하다거나, 중요한 일을 할 수 있을 만큼의 재능은 없다고 스스로에게 말하지 마세요. 리더에 적합한 사람이 아니라고 스스로에게 말하지 마세요. 부자가 되는 것은 악이 아닙니다. 권력을 갖는 것은 외로운일이 아닙니다. 돈, 권력은 당신이 원하는 것을 얻기 위한 "중립적인 도구"에 지나지 않습니다. 사람들을 통제하고 싶거나, 자신이 우월하다는 것을 증명하고 싶다면, 자신이 가지고 있는 도구를 사용하여 그런 일을 할 것입니다. 사람들을 섬기고, 풍요로운 삶을 살 수 있도록 돕고 싶다면, 자신이 가지고 있는 도구를 사용하여 그런 일을 할 것입니다. 당신이 어떤 도구를 사용하는가가 당신이 누구인지를 보여 줄 것입니다. 그러니 당신이 진정으로 원하는 것에 대해 솔직해지세요. 그리고 그 무엇도 당신을 가로막지 못하게 하세요.

hold back 猶豫、阻礙　lonely 孤獨　neutral 中立　abundant 豐富、豐足

Live as a beautifully imperfect human.

Some days you feel intense sadness. Some days you feel powerless. It's easy to beat yourself up for it. Because maybe in your mind, you always need to be smiling, measuring up, and showing up as the best version of yourself. But what if there's tremendous value in sadness and powerlessness? What if it's the only place where you can truly be inspirational, deeply connected, and courageous? What if those days are also part of a well-lived life? Life is not always about positivity and motivation. Life is also about having an imperfect human experience. And ironically, there lies so much strength, healing, and freedom in that imperfection.

• • •

活出不完美但美麗的人生

你有時會經歷極度的悲傷、有時會感到無力，在這些日子特別容易自責。為什麼呢？也許因為你心裡早已認定，自己需要時常保持微笑、符合眾人的期望，並隨時維持在最佳狀態。不過，如果你感受到的悲傷與無力，其實很有價值呢？如果感受這些情緒的內心世界，是你真正能吸取靈感、深層連結並獲得勇氣的唯一空間呢？以及，如果這種日子其實是有好好生活的證明呢？人生不會總是充滿正能量與動力，人生包含著不完美的人類體驗。矛盾的是，在這樣不完美的體驗中，蘊藏著許多力量、療癒以及不完美所帶來的自由。

• • •

아름답게 불완전한 인간으로 삶을 사세요.

당신은 어떤 날은 극심한 슬픔을 느낍니다. 어떤 날은 무기력함을 느낍니다. 그런 날은 자책하기 쉽습니다. 왜냐하면 아마도 여러분 마음속에서 스스로는, 항상 잘 웃고, 기대에 부응하고 그리고 최상의 상태로 나타나야 한다고 생각하기 때문일 겁니다. 하지만 만약 내가 느끼는 슬픔과 무기력함에 엄청난 가치가 있다면 어떨까요? 만약 그러한 감정들을 느끼는 내 안의 그 공간이, 내가 진정으로 영감을 받고, 깊게 연결되고, 그리고 용기를 가지고 나타날 수 있는 유일한 공간이라면 어떨까요? 그리고 그러한 날들이 내가 잘 사는 삶의 일부라면요? 인생은 항상 긍정적이고 동기 부여받는 그런 것이 아닙니다. 인생은 불완전한 인간의 경험들도 포함하는 것입니다. 그리고 아이러니하게도 그 경험들에는, 너무나 많은 힘, 치유, 그리고 불완전함으로부터의 자유가 들어 있습니다.

intense 強烈、極度　beat oneself up 自責　measure up 符合期望
imperfect 不完美　ironically 矛盾的

PART 06

Goals

"Focus on becoming
the next version of yourself."

- from Day 55 -

「集中精力，朝下一階段成長。」

"당신의 다음 버전이 되는 것에 집중하세요 ."

Continue to create awesome results.

When is the last time you've truly celebrated your achievements? Instead of giving yourself credit, did you say something like, "It's nothing," "You got lucky," or "Don't get too excited?" Appreciating yourself for making things happen is not a small thing. It's actually a secret formula for continuously creating awesome results. When is the last time you've truly been there for yourself when you failed? Instead of being supportive, did you say something like "I knew it," "You are pathetic," or "No one will want you anymore?" Having compassion for yourself is one of the greatest strategies for living a wonderful life. If you want a better life, commit to building a loving relationship with yourself. I invite you to love yourself when you're winning and when you're losing.

DAY

51

• • •

持續創造好的成果

你最近一次慶祝自己的成就是什麼時候？比起稱讚自己，你是否說了「這不算什麼」或「我只是運氣好」「別太興奮」這些話呢？懂得感激自己的所作所為並非微不足道的事，這個舉動是能讓我們持續創造好成績的秘密公式。你最近一次真心陪伴自己度過失敗時是什麼時候？比起給予支持，你是否說了「我就知道」「真令人心寒」「不會再有人需要我了」這些話呢？對自己慈悲是打造美好生活的最佳戰略之一，如果你想過更好的生活，請下定決心和自己建立相愛的關係。無論是贏是輸，我都推薦你愛自己。

• • •

계속해서 멋진 결과를 만드세요.

마지막으로 당신의 성과를 축하한 적이 언제인가요? 스스로를 칭찬하는 대신, "아무것도 아니야." 아니면 "운이 좋았어." "너무 흥분하지 마."와 같은 말을 했나요? 스스로 해낸 일들에 대해 스스로 감사하는 것은 작은 일이 아닙니다. 이것은 사실 놀라운 결과를 지속적으로 만들어내기 위한 비밀 공식입니다. 무언가에 실패했을 때, 스스로를 위해 진심으로 그 자리에 있어준 적이 마지막으로 언제인가요? 스스로를 응원하는 대신 "역시", "한심해", "아무도 더 이상 당신을 원하지 않을 거야"와 같은 말을 하지는 않았나요? 스스로에게 자비를 베푸는 것은 멋진 삶을 살기 위한 가장 훌륭한 전략 중 하나입니다. 당신이 더 나은 삶을 원한다면, 당신 자신과 사랑하는 관계를 구축하기로 약속하세요. 삶에서 이기고 지는 모든 순간들에, 스스로를 사랑할 것을 추천드려요.

give yourself credit 認可自己　formula 公式　pathetic 令人寒心
commit to 下定決心

It's not about willpower.

You know very well that it's your time to change.
But your willpower alone is not going to do the trick.
Willpower is working against your urges, fighting back the voice in your head. It's a very difficult fight to win because a lot of times you don't even want to win, and you just give in to the instant pleasures. But if you are the kind of person who can take control of your life, you are no longer fighting against your urges. Even if it takes effort, it will be much more natural for you. I want to invite you to start deliberately believing that you are already that kind of person. Think and act like that person. Even if you sometimes give in to urges, keep believing in yourself.

• • •
不該只靠意志力

現在是你需要改變的時候，但不可能光靠意志力就成功。意志力需要同時與內心的聲音戰鬥，並抵抗我們的欲望，這是一場非常困難的戰爭。因為我們時常會屈服於瞬間的快樂，完全放棄戰勝的念頭，但如果你能主導自己的人生，就無須再和欲望鬥爭了。儘管需要投入大量努力，你會習慣成自然。我希望你能有意識地相信自己已經成為那種人，並以這類人的方式去思考與行動，就算偶爾無法戰勝欲望，也要持續給予自己信心。

• • •
의지에 달려 있는 것이 아닙니다.

지금이 당신이 변화해야 할 때입니다. 하지만 당신의 의지력만으로는 성공하지 못할 것입니다. 내면의 소리와 싸우며 의지력은 당신의 욕구에 저항해야 합니다. 이것은 이기기 매우 어려운 싸움입니다. 왜냐하면 많은 경우 당신은 순간적인 쾌락에 굴복하고, 이기고 싶지도 않기 때문입니다. 하지만 만약 당신이 자신의 삶을 주도하는 사람이 된다면, 당신은 더 이상 욕구에 맞서 싸우는 것이 아닙니다. 노력이 들어간다고 하더라도 당신에겐 훨씬 더 자연스럽게 느껴질 것입니다. 당신이 이미 그런 사람이라고 의도적으로 믿기를 바랍니다. 그 사람처럼 생각하고 행동하세요. 가끔은 충동에 못 이길지라도 계속 자신을 믿으세요.

willpower 意志力　do the trick 成功　instant 直覺、瞬間　take control 掌握主導權

Perfection is boring.

Perfection is boring because it kills creativity. Perfection is boring because it holds you back from learning the secrets of making something happen. It covers your one-in-a-million unique awesomeness. Perfection tells you the same old story of "not good enough" over and over again. There's no twist, no dynamic in that story. It's like reading the world's most irrelevant piece of writing. Perfection is boring because it's procrastination in disguise. It gets you stuck in the fear of judgement, failure, or looking stupid. Follow perfection and you'll be guaranteed to destroy your dreams. So then, what's the cure for this dull perfectionism? Action. Stepping into uncertainty, stepping into fear, stepping into discomfort. Are you ready to take the first step?

DAY
53

• • •
完美很無趣

完美很無趣，因為會扼殺創造力。完美很無趣，因為會妨礙我們學習成就背後的秘密。完美會掩蓋我們萬中選一的獨特魅力，完美只會重複同一句話：「你還不夠好。」這句話沒有高潮迭起也缺乏活力，就像閱讀這世上最與世隔絕的一篇文章。完美很無趣，因為它是由「拖延」偽裝而成，讓你深陷於害怕接受批判、失敗、顯露笨拙的恐懼之中。若選擇追求完美，你的夢想終究會被摧毀。那麼，該如何治療這無趣的完美主義呢？答案就是行動，進入各種充滿不確定、恐懼以及不舒服的狀況。你準備好踏出第一步了嗎？

• • •
완벽은 지루합니다.

완벽은 지루해요. 왜냐하면 창의성을 죽여 버리기 때문이죠. 완벽은 지루해요. 왜냐하면 무언가를 성취하는 데 필요한 비밀을 배우는 데 방해가 되기 때문이죠. 완벽은 백만 분의 일이라는 당신의 독특한 멋을 가려요. 완벽은 당신에게 "충분히 좋지 않다"라는 똑같은 이야기를 반복하기 때문이에요. 그 이야기에는 반전도 역동도 없어요. 세상과 가장 동떨어진 글을 읽는 것과 같아요. 완벽은 지루해요. 왜냐하면 '미룬다는 것'의 변장한 모습이기 때문이죠. 판단, 실패, 멍청해 보이는 것에 대한 두려움에 사로잡히게 됩니다. 완벽을 추구하면 당신의 꿈은 반드시 파괴될 거예요. 그렇다면, 이 따분한 완벽주의에 대한 치료법은 무엇일까요? 실행이요. 불확실성, 두려움, 불편함 속에 발을 들여놓는 거예요. 첫걸음을 내디딜 준비가 되셨나요?

Perfection is boring.

perfection 完美　procrastination 拖延　in disguise 伴裝、偽裝　dull 無趣的
discomfort 不舒服

Celebrate your wins.

If you want to constantly produce awesome results, here's what to do. Celebrate your wins. Doesn't matter how big or small - acknowledge your achievements. How? First, dance to your favorite song like nobody's watching. You can jump, you can groove, whatever you enjoy. Move your body to the rhythm. You'll have so much fun. Second, give yourself credit for making something happen. Don't underrate your effort. Say something like, "I'm doing great!" Pat yourself on the back. Third, ask yourself what helped you the most in achieving your goal and write that down. What thoughts did you have when you wanted to give up? What actions did you take? You'll be able to use these tactics next time. This is how you recreate fabulous wins.

• • •

慶祝你的成功

想要持續取得好成績嗎？讓我告訴你該怎麼做：你需要慶祝你的成功。無論是大是小，都要認可你的勝利。該怎麼做？第一步，像在四下無人的地方那樣，跟著喜歡的音樂起舞，你可以盡情跳躍、盡情律動，用你喜愛的方式讓身體隨著音樂搖擺，你會非常享受；第二步，認可自己的成功，別低估你的努力，告訴自己：「你現在非常棒！」拍拍肩膀給予自己稱讚；第三步，詢問自己這次成功的關鍵是什麼？並把答案寫下來。還有在想放棄的瞬間，你思考過什麼？採取了什麼行動？這些戰術下一次也會派上用場，幫助你取得同等優秀的另一次勝利。

• • •

성취를 축하해 주세요.

지속적으로 좋은 결과를 얻고 싶으신가요? 어떻게 할지 알려 드릴게요. 당신의 성취를 축하하세요. 성취가 크든 작든, 당신의 승리를 인정하세요. 어떻게요? 첫째, 아무도 보지 않는 것처럼 좋아하는 음악에 맞춰 춤을 춰요. 점프도 할 수 있고, 그루브도 탈 수 있고, 뭐든 여러분이 즐거운 방식으로요. 리듬에 맞춰 몸을 움직이세요. 정말 재미있을 거예요. 둘째, 그걸 해낸 스스로를 인정해 주세요. 당신의 노력을 평가절하하지 마세요. "정말 잘하고 있어!"와 같은 말을 하세요. 스스로를 칭찬해 주세요. 셋째, 스스로 무엇이 이번 성취에 가장 도움이 되었는지 물어보고, 그걸 한번 적어 보세요. 포기하고 싶던 순간에 어떤 생각을 했었나요? 어떤 행동을 취했나요? 그 전략을 다음에도 사용할 수 있을 거예요. 이렇게 다시 멋진 승리를 다음에도 만드는 거예요.

underrate 低估　pat yourself on the back 稱讚自己　tactic 策略、戰術

Achieve your dreams even in the wrong place.

Life doesn't always happen the way we want. Sometimes you might even feel like you're moving away from your goals and dreams. You might strongly feel this way, especially when you believe you are in the "wrong place" where you can't fulfill your potential.

How can you still achieve your dreams when you think you are in the wrong place? Wherever you are, become a person of impact. Becoming a leader is undeniably more important than just getting things done. If you show up and give values no matter where you are, you are a leader the world needs. Every great mentor had times in their lives where they couldn't make sense of what was happening. So instead of focusing on why you are where you are, focus on becoming the next version of yourself. Eventually, you'll be in the "right place."

DAY

55

• • •

無論在哪都要實現夢想

人生不會總是遵循我們的方式前進，偶爾你會覺得距離目標和夢想越來越遙遠，尤其當你相信，你現正處於一個無法施展潛力的「誤區」時，這種感覺就會更加強烈。若你感覺到自己身處誤區，該如何實現夢想呢？不管你在哪裡，都要成為有影響力的人。不可否認，成為領導者比單純完成任務來得重要，若無論身處何處，都能為那個地方帶來價值，你就是這個世界所需要的領導者。所有偉大的導師都曾在不可理喻的地方度日，所以比起專注於周遭環境，你可以集中精力朝下一階段成長，最後一定可以到達你所嚮往的「正確位置」。

• • •

어디에서든 꿈을 이루세요.

인생은 항상 우리가 원하는 방식으로 일어나지 않습니다. 때때로 여러분은 목표와 꿈에서 멀어지는 것처럼 느껴질 거예요. 내 잠재력을 펼칠 수 없는 그런 "잘못된 장소"에 내가 있다고 믿는다면 그런 생각들이 강해질 거예요. 당신이 잘못된 장소에 있다고 생각하는데 어떻게 여전히 꿈을 이룰 수 있을까요? 당신이 어디에 있든 영향력 있는 사람이 되세요. 리더가 되는 것이 단순히 일을 완수하는 것보다 중요하다는 것을 부정할 수는 없습니다. 만약 당신이 어디에 있든 상관없이 나타나서 가치를 제공한다면, 당신은 세상이 원하는 리더입니다. 모든 위대한 멘토들은 인생에서 말도 안 되는 곳에서 시간들을 보냈습니다. 그러니 왜 당신이 그곳에 있는가에 초점을 맞추지 말고, 당신의 다음 버전이 되는 것에 집중하세요. 결국 원하는 "올바른 장소"에 도달하게 됩니다.

fulfill 實現　potential 潛力　undeniably 不可否認　make sense of 理解～

Do it every day.

If you want to get good at something, do it every single day. Once you pass a certain point, it'll be an effortless habit in your life. So, if you want to gain muscle, go to the gym and lift those weights every day. If you want to be a coach, coach yourself every single day. If you want to be good at delaying gratification, practice sticking to your plan when an urge to get sidetracked comes up. If you want to do something important, create something that matters every day, even if you only spend 15 minutes on it. If you want to be emotionally stable, choose good thoughts every day. Practice is what you need. There's no other way. There's no shortcut.

每天實踐

想做好某件事,就得每天執行。只要撐過某個時機點,不用特別努力也能輕而易舉的把那件事變成習慣,所以如果想練肌肉,就得每天去健身房運動;如果想成為教練,就得每天先訓練自己;如果想忍住誘惑,每當被動搖或產生衝動時,就得先練習遵守自己的規畫;如果想完成重要的事情,儘管每天只花十五分鐘,也要完成進度;如果想讓情緒變得穩定,就得每天選擇對自己有益的想法。你需要的就是練習,沒有其他方法也沒有捷徑。

매일 실천하세요.

무언가를 잘하고 싶다면 매일 하세요. 어떤 시점을 지나면 특별한 노력 없이도 자연스럽게 할 수 있는 습관이 될 것입니다. 그러니, 만약 여러분이 근육을 키우고 싶다면, 체육관에 가서 매일 그 역기를 들어 올리세요. 코치가 되고 싶다면 매일 자신을 코칭하세요. 만약 여러분이 유혹을 참는 것을 잘하고 싶다면, 집중력이 흐트러지는 충동이 생길 때 나의 계획을 지키는 연습을 하세요. 중요한 일을 하고 싶다면, 15분을 투자하더라도 매일 중요한 결과물들을 만들어내세요. 감정적으로 안정되고 싶다면, 매일 좋은 생각을 선택하세요. 당신에게 필요한 건 연습이에요. 다른 방법은 없습니다. 지름길도 없어요.

effortless 輕而易舉　muscle 肌肉、力氣　gratification 滿足　stick to 遵守～
urge 衝動　get sidetracked 被動搖　stable 穩定

You don't have time.

Saving your time begins during the day before evening. Choosing to put away your phone, letting go of your worries, and sleeping one hour earlier will all lead you to a better setting for you to use your time more wisely. The magic thought that will give you the push you need is "I don't have any more time." For example, tell your brain it's already 12:00 am when it's 11pm. You don't need to beat yourself up, you can just finish up and get ready to sleep. Same thing goes with your morning. When you begin your day, first, do the things that are important to you. That means using your time to actually create something, instead of replying to emails, texts, or missed calls. Spend your time according to your priorities while telling yourself "Now is the time to do this."

• • •

沒有時間了

節省時間要從前一晚開始。若能放下手機與煩惱、提早一小時就寢,你就可以打造能更明智去管理時間的環境。有一個神奇的念頭可以賦予我們所需要的力量,那就是:「我沒有更多時間了。」舉例來說:到了晚上十一點,你可以告訴大腦其實當下已經十二點了。不用過度緊張,這時你只需要將手邊的事情收尾,準備就寢。到了早晨也一樣,一天開始之際,請先執行對你來說最重要的事。比起回覆電子信件、簡訊、未接來電,將時間花在實際執行某件事會更有意義。依照優先順序分配時間,並同時告訴自己「我現在就該做這件事。」

• • •

시간이 없습니다.

시간 절약은 전날 저녁부터 시작됩니다. 핸드폰을 치우고, 걱정을 내려놓고, 1시간 일찍 자는 것이 여러분이 시간을 현명하게 사용할 수 있는 좋은 환경으로 만들어 줍니다. 그리고 당신에게 필요한 힘을 줄 마법의 생각은, "난 더 이상 시간이 없어."입니다. 예를 들어 11시가 되면 뇌에 그냥 벌써 12시라고 말해 버리세요. 스스로를 자책할 필요 없이, 그냥 하던 걸 마무리하고 잘 준비를 하면 돼요. 아침에도 마찬가지예요. 하루를 시작할 때, 먼저 당신에게 중요한 것들을 하세요. 다시 말해 이메일, 문자, 부재중 전화에 답변하는 대신 실제로 무언가를 만드는 데 시간을 사용하는 것을 의미합니다. 우선순위에 따라 시간을 보내면서 스스로에게 다음과 같이 계속 얘기하세요. "지금이 이 일을 할 때야."

You don't have time.

save 節省　put away 放下　according to 依照～　priority 優先順序

Throw away your to do list.

Your days should not just be about crossing items off your to-do list. Doing is always better than not doing, but I want to help you step up your game. Sometimes, a to-do list can throw off your ultimate goals. You don't need to do a hundred different things to get closer to your dreams. You want to focus on either one or a couple things per day. Those things should be about results rather than vague processes. For example, don't schedule "Work on my project." Schedule "Finish the opt in page." Don't schedule "Write my book." Schedule "Finish the first chapter of my book." Spend your time intentionally. Time is the most valuable resource, and with it, you can do many amazing things.

丟掉待辦清單

你的日常不該只是一次次畫掉待辦清單上的項目。雖然做總比不做好,但我想幫助你的生活更上一層樓。有時候,待辦清單也許對達成最終目標沒有益處,其實不需要完成一百件事才能接近夢想。請嘗試一天只著重進行一到兩件事,別在乎曖昧不明的過程,要專注於結果。舉例來說:比起規畫「做專案」,我們該從「撰寫網頁內容」著手;比起規畫「寫一本書」,可以從「寫完第一章」開始安排。刻意的分配時間,因為時間就是最珍貴的資源,並且能協助我們完成許多意想不到的事情。

할 일 목록을 버리세요.

당신의 하루는 할 일 목록에서 항목을 지우는 데 그쳐서는 안 됩니다. 안 하는 것보다 하는 것이 항상 더 좋지만 당신의 하루를 더 발전시킬 수 있게 돕고 싶습니다. 때때로, 할 일 목록은 당신의 궁극적인 목표에 도달하는 데 도움이 되지 않기도 합니다. 꿈에 가까워지기 위해 수백 가지의 일을 할 필요는 없습니다. 하루에 한두 가지 일에 집중해 보세요. 그리고 그것들은 애매한 과정이 아니라 결과에 대한 것이어야 합니다. 예를 들어 "프로젝트 하기"대신에 "웹사이트 페이지 완료하기"를 계획해 보세요. "책 쓰기" 대신에 "첫 번째 장 끝내기"를 일정으로 짜 보세요. 시간을 의도적으로 보내세요. 시간은 가장 소중한 자원이고, 그것으로 당신은 많은 놀라운 일들을 할 수 있습니다.

throw away 丟掉　to do list 待辦清單　cross off 畫掉　throw off 妨礙
ultimate 終極、最終的　vague 曖昧

Don't wish for luck.

Nothing valuable in life falls into your hands by accident. People talk about being lucky and getting a big break, but luck never lasts to the point where it stays with you when you have zero capacity to hold on to it. Keeping it is up to you. If you are just waiting for something to happen, you will miss out on opportunities where you can grow and become self-reliant. This is why you shouldn't just wish for luck.

Imagine if you had to have heart surgery. Would you ever want a doctor who became a surgeon by luck? I don't think so. Cultivate patience and have fun witnessing yourself becoming someone that everyone wants to work with. You got this.

● ● ●

別指望好運

生命中所有珍貴的東西都不會偶然落入我們手中。儘管有許多關於幸運和遇上關鍵機會的故事，若沒有能力留住，運氣也不會一直停留在我們身邊，所以能否維持好運，全靠自己的表現。如果只是空等事件發生，我們將錯過自我成長和信任自己的機會，這就是不該指望好運的理由。想像一下，如果你必須接受心臟手術，你是否願意讓一位憑運氣就職的外科醫生替你開刀？我想答案是否定的。所以要培養耐心，直到自己成為眾人都想合作的對象為止，享受目睹自我成長的過程，你絕對能做到！

● ● ●

행운을 바라지 마세요.

인생의 귀중한 모든 것은 우연히 당신의 손에 떨어지지 않습니다. 사람들은 행운과 결정적인 기회에 대해 이야기하지만, 그것을 쥘 수 있는 능력이 전혀 없는 사람에게는 그 행운이 지속되지 않습니다. 그것을 유지하는 것은 당신에게 달려 있습니다. 만약 무엇인가 일어나기만을 기다린다면, 당신은 스스로를 신뢰할 수 있는 기회와 성장할 수 있는 기회를 놓치게 될 것입니다. 바로 이 이유 때문에 행운을 바라지 말아야 하는 것입니다. 당신이 심장 수술을 받아야만 한다고 상상해 보세요. 운 좋게 의사가 된 전문의를 원할까요? 아닐 것입니다. 인내심을 기르고, 모두가 함께 일하고 싶어 하는 사람이 되는 자신을 목격하면서 즐거운 시간을 보내세요. 할 수 있습니다.

Don't wish for luck.

🐦 by accident 偶然　big break 關鍵的機會　capacity 容量　miss out on 錯過～
surgeon 外科醫生　by luck 憑運氣　witness 目睹

Try on a different perspective.

Have you ever had one of those days where you felt like you've tried everything, but there's not a single sign that it's working? There were days when I literally followed every rule and strategy, but all I got were crickets. What made it worse were the stories I had in my brain. "It's not working and I'll never get there."

Holding on to that thought led me to take less and less actions, and gradually, I stopped taking any actions at all. But trying on different perspectives helped me show up again. That thought was, "What if there are still many things I can learn and try? What if I am on the verge of a breakthrough? Maybe I haven't tried everything. Maybe I am very close to making it happen. Whatever it is, I have the power to figure it out."

DAY
60

• • •
換個觀點

你是否曾經歷，嘗試過無數方法卻看不出半點成效的日子呢？有些時候，儘管遵循一切規則和戰略，得到的卻只有沉默，令這種情況惡化的，正是我腦海裡的聲音。「我一事無成，我根本無法達成目標。」自從產生了這樣的想法後，我變得裹足不前，也漸漸失去前進的動力。不過，其實只要換個角度來看，我就能重新啟動，這個觀點是：「如果還有很多值得我學習與嘗試的東西呢？如果我差一步就能突破困境呢？也許我尚未試過所有可能性。也許我離實現目標的未來不遠了。無論是什麼，我都有解決的力量。」

• • •
다른 관점을 시도하세요.

모든 걸 시도해 봤지만 아무것도 효과가 없다고 느껴지는 날들을 경험해 본 적이 있나요? 저는 모든 규칙과 전략들을 그대로 따랐다고 생각했는데, 제가 얻은 건 침묵뿐이었던 날들입니다. 더 상황을 악화시킨 건 제 머릿속의 이야기들이었어요. "되는 게 없어, 절대 목표를 이루지 못할 거야"라고 말했어요. 그 생각을 붙들다 보니, 행동이 점점 줄어들었고, 차츰 어떠한 행동도 하지 않게 되었어요. 하지만 다른 관점으로 바라보니, 행동을 재개할 수 있었어요. 그 관점은, "아직도 배우고 시도할 수 있는 것이 너무 많다면 어떨까? 만약 내가 돌파구를 찾기 바로 직전이라면? 아마도 모든 걸 시도해 보지 않았을 수 있습니다. 아마도 목표를 실현하는 미래가 매우 가까이 다가와 있을 수 있습니다. 그게 무엇이든 간에, 해결해낼 수 있는 힘이 있습니다."

literally 遵循　crickets 沉默、安靜　on the verge of ～前夕　breakthrough 突破

PART 07

Patience

**"If you have a goal,
aim to fail more than 1,000 times."**

- From Day 62 -

**「如果有想達成的目標，
請預想會至少失敗一千次。」**

"이루고 싶은 것이 있다면
1,000번 이상 실패하는 것을 목표로 하세요."

Cultivate patience.

Cultivating patience can save you from procrastinating or quitting. If you expect that you will get quick results sooner than it happens, that will always cause anxiety. So give it enough time. Everything valuable takes longer than you think. On top of that, make sure to have fun. Don't sacrifice relationships you cherish or your physical and mental health. Having to build something does not guarantee you with anything other than just that. For example, if your goal is to make a hundred thousand dollars, you will get exactly that. Not a sense of security, not feeling powerful about yourself. But if you don't rush anything and you be proactive at the same time, you will learn how to make the best life and build what you want.

DAY
61

• • •

培養耐心

培養耐心可以預防拖延或放棄。如果你期待花比較少時間又能提早獲得成果，不安就會一直伴隨著你，所以要給予充足的時間，一切富含價值的事物都需要投資比我們想像中更多的時間和精力。除此之外，請享受過程，別犧牲你所珍惜的人際關係及身體和精神上的健康。追尋某個目標並不能保證你會得到目標物以外的東西。舉例來說：如果目標是賺到十萬美金，我們得到的不會是安全感或自信心，而是心中預設的十萬塊現金，所以如果能放寬心、同時又積極地過日子，你將能同時學習打造最佳生活以及達成目標的方法。

• • •

인내심을 기르세요.

인내심을 기르는 것은 당신이 미루거나 포기하는 것으로부터 구해 줍니다. 만약 여러분이 결과가 나오는 데까지 실제로 걸리는 시간보다 더 빨리 그 결과를 얻을 것이라고 기대한다면, 항상 불안감에 시달릴 것입니다. 그러니 충분한 시간을 주세요. 가치 있는 모든 것은 당신이 생각하는 것보다 훨씬 더 오래 걸립니다. 그 외에도, 즐거운 과정을 보내세요. 당신이 소중히 여기는 관계, 또는 당신의 육체적, 정신적 건강을 희생하지 마세요. 무언가를 만들어 내는 것은(목표를 이루는 것은) 그것 외에 아무것도 보장하지 않습니다. 예를 들어, 만약 당신의 목표가 10만 달러 만들기라면, 당신이 얻게 될 것은 안정감 혹은 자신감이 아닌, 정확히 10만 달러라는 돈만 얻게 될 것입니다. 그러나 당신이 서두르지 않고 동시에 적극적으로 삶을 살아간다면, 최상의 삶을 만드는 법과 동시에 당신이 원하는 것을 만들어가는 법을 배우게 될 것입니다.

cultivate 培養　procrastinate 拖延（該做的事）
on top of that 除此之外　cherish 珍惜

Try at least 1,000 times.

Don't talk to me about how you don't know what your real passion is unless you've actually taken action to figure it out at least 1,000 times. Don't tell me self-love isn't working if you haven't tried at least 1,000 times. Don't tell me it's difficult unless you've tried it at least 1,000 times. Don't tell me you will never succeed at your dreams unless you've tried at least 1,000 times. You will never know until you've actually stepped in and experienced it. There's no true learning if there's no doing. Ideas mean nothing if there is no execution. If you have a goal, aim to fail more than 1,000 times. Start training yourself to be okay with failing. Clarity comes from action.

至少嘗試一千次

若沒有體驗至少一千次,別說找不到自己的熱情所在。若沒有嘗試至少一千次,別說愛自己不會有成效。若沒有挑戰至少一千次,就別抱怨困難。若沒有努力至少一千次,別說無法美夢成真。在經歷之前,沒有人能知道實際狀況,不去嘗試就無法從中學習,沒被實踐的想法就沒有意義。如果有想達成的目標,請預想會至少失敗一千次,要訓練自己適應失敗,行動才會讓一切變清晰。

최소 1,000번 해 보세요.

적어도 1,000번은 실제로 행동을 취해서 알아내지 않는 한 당신의 진정한 열정이 무엇인지를 알 수 없다고 말하지 마세요. 1,000번도 안 해 봤으면 스스로를 사랑하는 것이 효과가 없다고 말하지 마세요. 1,000번 이상 시도하지 않았다면, 어렵다고 말하지 마세요. 1,000번 이상 노력하지 않았다면, 당신의 꿈이 성공할 수 없다고 말하지 마세요. 실제로 현장에 들어가서 경험하기 전까지 당신은 절대 제대로 알 수 없을 것입니다. 하지 않으면 진정한 배움은 없습니다. 실행이 없다면 아이디어는 아무 의미가 없습니다. 이루고 싶은 것이 있다면 1,000번 이상 실패하는 것을 목표로 하세요. 실패해도 괜찮도록 훈련하세요. 명확함은 행동으로부터 옵니다.

work 有成效　execution 實踐　clarity 清晰

You have time.

You have so much time. People underestimate what they can do within a decade. You can do extraordinary things. With that being said, no one's too busy to do the things that matter to them. If they say they are, most of the time they are just bad at time management. Here's the thing: if you use up all of your time on urgent or unimportant things, there won't be many things left for you to enjoy in the future. So think about it this way. If you could give any gifts to your future self using time, what gifts would you give? Start giving awesome presents to yourself now and in the future.

DAY
63

●●●

你還有時間

你還擁有很多時間。人類總是低估自己能在十年內完成的事，我們能達成許多了不起的事，也就是說，沒有任何人會忙碌到無法進行對自己來說重要的事。如果有人否認這個看法，代表他們沒有好好管理時間。請注意：若你將時間全數花在處理緊急，或是較為不重要的事情上，未來的你所能享受的事物將大幅減少，我們可以換個角度思考，如果能善用時間，幫未來的自己準備一份禮物，你想準備什麼呢？現在就開始籌備給自己最好的禮物吧！

●●●

당신은 시간이 있습니다.

당신에겐 정말 많은 시간이 있습니다. 사람들은 10년 안에 할 수 있는 일을 과소평가합니다. 당신은 정말 대단한 일을 할 수 있어요. 다시 말해, 자신에게 중요한 일을 못할 만큼 바쁜 사람은 없습니다. 만약 그들이 그렇다고 한다면, 그냥 대부분 그 사람들이 시간 관리를 못하는 경우입니다. 잘 보세요. 만약 당신이 급하거나 덜 중요한 일을 하는 데 당신의 모든 시간을 써버리면, 미래에 당신이 즐길 수 있는 것들이 많이 없을 거예요. 그러니 이렇게 생각해 보세요. 만약 당신이 시간을 이용해서 미래의 자신에게 어떤 선물을 줄 수 있다면, 당신은 어떤 선물을 하고 싶나요? 지금부터 미래의 자신에게 멋진 선물을 하기 시작하세요.

You have time.

underestimate 低估　decade 十年　extraordinary 不平凡
urgent 緊急

Don't chase.

Sometimes it feels like forever to get to where we want to go. You might be thinking, "Am I ever going to get there?" or "Is this a pipe dream?" Then we tend to overwork, spread ourselves too thin, or even worse, we burn out and beat ourselves up for not creating results soon enough. It's amazing that you work hard and are ambitious, but don't fall into the trap of thinking "How long do I have to wait?" Intellectually, you know that you'll eventually succeed. Now is the time to practice truly believing it with your heart. Believe that everything you need will come at the perfect time. Don't chase. Just simply live your life, do your thing, grow into the best version of yourself, and let it come to you at the right time.

• • •
停止追逐

偶爾我們會覺得追逐夢想的路途太過遙遠，也許會產生這樣的念頭：「我有辦法到達嗎？」或是「難道夢想只是虛幻嗎？」這時我們很容易感到疲累、過度衝刺，甚至在把能量燃燒殆盡後，責備無法快速產出成果的自己。努力又有野心是一件很棒的事，不過請別踏入「我還需要等多久？」的陷阱。如果腦海裡清楚知道自己終究會成功，你需要從現在起練習讓內心也跟著相信。相信你所需要的一切會在正確的時機到來，無須追求。只要過好你的生活、做自己該做的事、努力朝最好的模樣發展，最需要的東西就會在最恰當的時刻自動找上門。

• • •
쫓지 마세요.

가끔 우리는 우리가 가고 싶은 곳에 도달하는 데 시간이 너무 오래 걸리는 것 같이 느껴집니다. "내가 도착이나 할 수 있을까?" 또는 "허황된 꿈을 좇는 건가?"라는 생각을 하기도 합니다. 그러면 우리는 과로하거나, 너무 무리를 하거나, 더 나쁜 경우 우리는 번아웃을 경험하게 되고, 결과를 빨리 내지 못한다고 스스로를 자책하기도 합니다. 열심히 하고 야망이 있다는 것은 정말 멋진 일입니다. 하지만 "얼마나 기다려야 되는 거야?"라는 함정에 빠지지 마세요. 결국 성공한다는 걸 머리로는 알고 있다면 지금은 마음으로 열심히 믿는 연습을 해야 할 때입니다. 당신이 필요한 모든 것이 완벽한 시간에 당신에게 올 것이라고 믿으세요. 쫓지 마세요. 그저 당신의 삶을 살고, 자신의 일을 하고, 가장 최상의 모습으로 성장해서, 가장 적절한 시기에 필요한 것들이 당신에게 오도록 하세요.

chase 追求、追逐（金錢、成功等）　pipe dream 幻想
tend to 趨向於～　fall into a trap 掉入陷阱

Be friends with unpopular feelings.

Be friends with unpopular feelings. They'll give you the most precious gifts. Most abandon their negative feelings. They hide them, pretend they are not there, or cover it with food or games. They want nothing to do with them. If you choose not to run away from feelings like shame, guilt, regret, sadness, or anger, but instead be present with them, and even listen and talk to them like friends do, you'll receive the wonderful gifts that they offer. You'll receive a non-judgmental heart, never-ending tenacity, and the ability to handle any kinds of emotions. You'll receive the gift of healing; not only for yourself but for those you love. Remember this the next time you experience negative feelings.

DAY
65

和不受歡迎的情緒做朋友

勇於和不受歡迎的情緒做朋友,它們將為你帶來最珍貴的禮物。多數人會選擇拋棄負面情緒,將情感隱藏、裝作視而不見,選擇用飲食或遊戲掩蓋自己的感受,甚至完全拒絕交流。害羞、自責、後悔、傷心、憤怒,當我們選擇不回避並和這些感覺作伴,甚至像對朋友般耐心傾聽與對話,我們將獲得情緒所回贈的寶貴禮物:不擅自批判的廣闊心胸、不輕言放棄的韌性、足以承受任何情緒波動的力量。我們獲得的禮物不只能治癒自己,也能療癒你所愛的人,所以下一次經歷負面情緒時,請別忘記這段話。

인기 없는 감정들과 친구가 되세요.

인기 없는 감정들과 친구가 되세요. 그것들은 당신에게 가장 소중한 선물을 줄 것입니다. 대부분의 사람들은 부정적인 감정을 버립니다. 감정을 숨기고, 없는 척하고, 음식이나 게임으로 덮습니다. 그리고 전혀 엮이고 싶어 하지도 않습니다. 부끄러움, 죄책감, 후회, 슬픔, 분노와 같은 감정에서 도망치지 않고 곁에 있어 주고 심지어 친구처럼 경청하고 대화한다면, 여러분은 그 감정들이 제공하는 멋진 선물을 받게 될 것입니다. 판단하지 않는 넓은 마음, 포기하지 않는 끈기, 어떤 감정이든 감당할 수 있는 힘을 얻게 될 것입니다. 나 자신뿐만 아니라, 내가 사랑하는 사람들을 치유할 수 있는 선물을 얻게 될 것입니다. 다음번에 부정적인 감정을 경험하게 될 때 기억하세요.

abandon 拋棄　pretend 裝作～　tenacity 韌性
not only A but B 不只A也B

Imagine a future moment.

Sometimes you feel like nothing's working, and you don't think you can succeed even if you try. But the truth is - as obvious as it may sound - even if you tried 99 times but gave up right before it was successful, you can't achieve anything. So you must push through, even when it feels like it won't make any difference. How do you do that? By believing. Imagine a future moment where you've already made it happen. Bring that future perspective to your present situation. It'll make a huge difference, because now you know that failures are irrelevant. You know for sure that you are going to succeed. You just have to figure out ways to make it work as you move forward.

DAY

66

• • •

想像一下未來

有時我們會覺得自己一事無成，彷彿不管多麼努力都無法成功。不過實際上（也許聽起來理所當然），儘管已經挑戰了99次，只要在達成目標前選擇放棄，終究等同於什麼都尚未實現。所以在那些看似不會造成改變的時刻，我們也得堅持到最後一刻。該怎麼做？只要相信自己就可以了。想像一下未來那個已經完成目標的自己，用他的觀點來審視當下的挑戰。當你已經知道失敗與自己無關，看待事物的角度就會產生很大的變化，未來的你準確知道自己會成功，於是現在只要找到前進的方法即可。

• • •

미래를 상상하세요.

때대로 당신은 되는 것이 없고 노력해도 성공하지 못할 것처럼 느낍니다. 하지만 진실은(비록 당연한 소리처럼 들릴지라도), 여러분이 99번을 도전을 한다 해도 만일 목표에 도달하기 직전에 포기한다면, 결국 여러분은 아무것도 이룰 수가 없게 된다는 것입니다. 그래서 별로 달라질 게 없을 것처럼 느껴지는 순간에도 끝까지 밀고 나가야 합니다. 어떻게 그렇게 할 수 있죠? 굳게 믿으면 돼요. 당신이 이미 원하는 걸 성취하게 된 미래의 순간을 상상해 보세요. 당신의 현재 상황들에 모든 것이 이루어진 미래의 당신의 관점을 가져와 보세요. 이제 실패가 나와 상관이 없다는 것을 알게 되었으니, 현재 상황들을 바라보는 것이 큰 차이를 보일 거예요. 미래의 관점으로 당신은 당신이 성공할 것이라는 것을 확실히 알고 있습니다. 앞으로 전진해 나갈 때 어떤 방법들을 사용하면 되는지만 알아내면 됩니다.

obvious 分明的、準確的　perspective 觀點　irrelevant 無關
forward 前進

It's okay to have bad days.

When you are in doubt or when you are lonely, scared, or sad, you might think "What's wrong with my life?" Life is supposed to have a bitter flavor called "difficulties" – with, of course, the sweet flavor called "happiness." Together they create the harmonious flavor of life. With bitterness, you learn patience, empathy, responsibility, love, self-reliance, and you learn how to be a beautifully imperfect human.

This is why life is hard. You don't need to fix or get rid of all the "ugly" experiences. It's all part of being a human living on earth. But you can always be with yourself in dark places. I know for sure that I am my ride or die soulmate before anyone else. Me and myself walk all rocky roads of life together, so nothing can mess with us. May you be the most loyal friend to yourself in all flavors of life.

DAY
67

偶爾也會遇上壞日子

當我們對自己產生懷疑，或是感到孤獨、害怕、傷心時會覺得：「我的人生到底怎麼了？」人生這道料理原本就包含名為「困難」的苦味（當然同時也包含名為「幸福」的甜味）。不同滋味的組合可以讓生活變得更加豐富。品嘗著苦澀，我們能學會培養耐心、同情心、責任感、愛情和自我信任，也能了解人類是多麼美好又不完美的存在。這就是人生困難的理由，我們不需要去修復或刪除那些「令人不悅」的經驗，那都只是人類在地球的日常生活，不過我們可以選擇在最辛苦、最黑暗的時刻陪伴自己。我知道自己就是無可取代、最無私的靈魂伴侶，我會陪伴自己走過生命中每個艱難的旅程，沒有什麼能夠搗亂我和自己的關係。讓我們體驗生命中的所有滋味，並成為自己最有義氣的朋友。

별로인 날들이 있어도 괜찮습니다.

스스로 의심이 들거나, 외롭거나, 무섭거나, 혹은 슬플 때면 우리는 생각합니다. "내 인생은 도대체 왜 이런 거야?" 인생이라는 요리에는 원래 "어려움"이라는 쓴맛이 들어 있어요. (물론 "행복"이라는 단맛도 들어 있고요.) 그리고 이러한 맛들이 조화를 이루며 인생을 풍요롭게 만들어 줍니다. 쓴맛을 보며 우리는 인내심, 공감 능력, 책임감, 사랑, 자립심을 배우고, 인간이 어떻게 아름답게 불완전한 존재가 되는지 배우기도 합니다. 이것이 인생이 어려운 이유입니다. 당신은 "불쾌한" 경험들을 고치거나 없애려고 할 필요 없어요. 인간이 지구에서 살려면 겪는 일상일 뿐이에요. 하지만 이 모든 힘들고 어두운 날들에 당신은 항상 스스로의 옆에 있어 줄 수 있어요. 저는 제가 그 누구보다도 제 스스로의 헌신적인 소울 메이트인 걸 잘 알고 있어요. 저와 제 자신은 인생의 모든 험난한 길을 함께 걸어가요. 그러니 그 무엇도 우리를 망칠 수 없어요. 인생의 모든 맛들을 경험함에 있어서, 스스로에게 가장 의리 있는 친구가 되어 주세요.

bitterness 苦味、苦澀　empathy 同情　ride or die 無私的
rocky 艱難的　mess 搗亂

It's difficult.

Saying "It's difficult" is irrelevant to your growth. It doesn't mean anything. Yes, change is difficult, just like consistency and patience are difficult. But if you find yourself constantly saying, "It's not easy to change," "It's difficult to be consistent," pay close attention to what you mean by that and what you really want to do about it. When you say it's not easy, are you feeling entitled? Do you think that it should be easier for you? If so, gently drop your expectations, wishing it'd be less difficult. There's no shortcut to creating awesome results. If the result is worth it, you can say something like, "I expect it to be hard, but I'll do it anyway." Overcoming difficulty is part of the game. You can enjoy doing hard things.

• • • •

太困難了！

抱怨「困難」對幫助我們成長毫無意義。是的，就像持久和忍耐都很困難，改變也很困難。「改變很不容易」「維持太困難了」，當你發現自己總是將這些話掛在嘴邊，請多加留意自己說這些話的意圖以及想達成的目的。透過抱怨事情不簡單，你會感受到某種特權嗎？你理所當然的認為眼前這件事應該很容易上手嗎？如果答案是肯定的，請嘗試放下這種期待，別再希望不會太辛苦。這世上有許多優秀的成功案例，但沒有捷徑，若你覺得自己引頸期盼的成果很有價值，請告訴自己：「這件事當然很困難，但我一定會設法完成。」克服困難只是人生遊戲中的一個環節，你可以享受這不簡單的過程。

• • • •

어렵습니다!

"어렵습니다."라고 말하는 것은 당신의 성장과 무관합니다. 그 말은 아무 의미도 없어요. 네, 일관성과 인내가 어려운 것처럼 변화는 어렵습니다. 하지만 계속 "변하기는 쉽지 않다," "지속하기 어렵다"라고 말하는 스스로를 발견하게 된다면, 그런 말을 하는 의도와 실제로 내가 그 말을 함으로써 뭘 하고 싶은 것인지 깊게 생각해 보세요. 그게 쉽지 않다고 말할 때, 당신은 어떤 특권을 누릴 자격이 있다고 생각하시나요? 당신은 그 일이 당신에게 당연히 더 쉬웠어야 한다고 생각하는 건가요? 만일 그렇다면, 덜 힘들었으면 좋겠다는 당신의 기대를 조심스레 내려놓아 보세요. 세상에 멋진 결과물을 만들어 내는 것에 있어 지름길 따위는 없습니다. 만일, 당신이 만들려는 결과가 가치가 있다고 생각되면, "이건 당연히 어려울 거야. 그래도 어쨌건 할 거야."와 같은 말을 할 수 있겠죠. 어려움을 극복하는 것은 게임의 일부일 뿐입니다. 당신은 어려운 일들을 즐겁게 할 수 있어요.

consistency 持久力　patience 耐心　pay close attention 多加留意
entitled 享有權利

Try thoughts that winners have.

If you want to bring out the best performance in yourself, one strategy you can try is to look at the thoughts that winners have and try them for yourself. Winners have the commitment to go all in, and they don't give excuses. They are willing to let go of the wrong (not bad) people and focus on the right people. They ask for challenges instead of shortcuts because they know how important it is to "become" the person, rather than just getting the result. They are in love with the process. Not only do the end goals make them smile, but they also actually enjoy the journey a lot more. They doubt the doubts intentionally and choose the thoughts that help them in the moment. They always think about giving values to people.

DAY

69

嘗試贏家的思維

如果渴望發揮自己最強的實力，你可以嘗試的策略之一是觀察已經將你的夢想化為現實的人，參考贏家的思維模式並親自嘗試。贏家擁有全力以赴的意志力，他們不為自己辯解，懂得適時放開錯誤的人（並非壞人）並把心力花在對的人身上。他們注重的不只是得到結果，他們知道成為夢想中的人是多麼重要，所以總是尋求挑戰而非捷徑。他們熱愛過程，不只成果能讓他們微笑，他們更享受到達目的地之前的旅程。他們刻意對問題產生懷疑，也會挑選在當下對自己更有益處的念頭。他們總在思考該如何帶給他人價值。

승자들의 생각을 시도하세요.

만약 여러분이 최상의 역량을 내고 싶다면, 여러분이 시도할 수 있는 전략 중 하나는 이미 그런 삶을 살고 있는 이들은 어떤 생각을 하는지 보고, 그 생각을 스스로 시도해 보는 것입니다.

승자들은 전력을 다하겠다는 의지가 있고, 변명도 하지 않습니다. 그들은 기꺼이 잘못된 사람들(나쁜 사람이 아닌)을 놓아 주고, 올바른 사람들에게 집중합니다. 그들은 단지 결과를 얻는 것이 아니라 그들이 목표하는 사람이 되는 것이 얼마나 중요한지 알기 때문에 지름길 대신 도전을 요구합니다. 그들은 그 과정을 사랑합니다. 최종 목표만이 그들을 미소 짓게 하는 것이 아니라, 그들은 실제로 목표로 가는 길을 훨씬 더 즐깁니다. 그들은 의도적으로 의심을 의심하고 그 순간 자신에게 도움이 될 생각을 선택합니다. 그들은 항상 사람들에게 가치를 부여하는 것에 대해 생각합니다.

bring out 發揮　strategy 計畫、策略　journey 旅程
doubt 懷疑

PART 08

Freedom

"You are more than what happened in your life.
You are an incomparable, indispensable,
beautifully imperfect human."

- From day 75 -

「你比生命中所發生的一切都還更有意義，
你是無與倫比、不可或缺、不完美但美好的人類。」

"당신은 당신의 인생에서 일어난 일보다 훨씬 큰 존재입니다.
당신은 비길 데 없고 없어서는 안 될,
아름다운 불완전한 인간입니다 ."

Your life is perfect the way it is.

If you are contemplating about a chance you missed last year and are thinking that there's something wrong with where you are right now, try this perspective. "Your life is perfect the way it is right now." Yes, that's right. What if nothing has gone wrong? And what if nothing has to happen for you to create everything you want? What if you can have love, appreciation, joy, and can become the person you want to be right now, right here? All of the feelings you want to experience come from inside, and it's in your hands to be the kind of person you want to be. But when you dwell on the past, what happens is you don't end up producing results. So choose to accept and value wherever you are. Take massive actions to make it even better.

你的人生已經很完美

如果你時常把去年錯過的機會放在心上,或是總對自己的現況不滿意,請嘗試用以下觀點重新思考:「你的人生現在已經很完美了。」對,沒錯。如果一路以來,你其實不曾犯錯呢?如果我們原本就無需經歷什麼事件,才能達成夢想呢?如果你現在就可以擁有愛情、感激、喜悅,也可以立刻成為夢想中的人呢?你所感受的情緒和渴望體會的情感都來自內心,你想以什麼樣貌生活也取決於你。如果總是拘泥於過去,最終將無法創造任何成果、也無法達成任何目標,所以無論你當下身在何處,請接受並珍惜現在的狀態,試著用更多不同的行動來幫自己增添光彩。

당신의 삶은 있는 그대로 완벽합니다.

작년에 할 수도 있었는데 놓쳤던 기회들을 깊이 생각한다면, 지금 현재 내 상태에 대해 문제가 있다고 여겨진다면, 이 관점으로 한번 생각해 보세요. "당신의 삶은 지금 이대로 완벽합니다." 네, 맞아요. 만약 과거의 어떤 것도 잘못된 게 아니라면요? 당신이 원하는 걸 만들기 위해 어떤 것도 일어나야 하는 일은 없다면요? 당신이 사랑, 감사, 기쁨 등을 지금 당장 가질 수 있고, 당신이 원하는 누구든지 지금 당장 될 수 있다면요? 당신이 느끼고 경험하고 싶은 모든 감정들은 내면에서 비롯되고, 당신이 어떤 사람으로 살고 싶은지는 당신의 손에 달려있어요. 하지만 당신이 과거에 집착하다 보면, 결국 당신은 어떠한 결과들도 만들고 성취할 수가 없게 됩니다. 그러니 지금 당신이 어디에 있든 받아들이고 그걸 소중히 생각해 보세요. 그리고 그걸 더욱 멋지게 만들 수 있는 정말 다양한 액션을 취해 보세요.

Your life is perfect the way it is.

Do a reality check.

When you find yourself in a negative pool of emotions and can't find a way out, do a reality check. Lay out the facts and the negative story in your head. Take a step back and see what's real, and what's your assumption. "People will think I'm stupid," "Nothing's working out," "I'll eventually fail." If you have thoughts like these, I'll just tell you: they simply are not true. You probably may have had a negative experience in the past, and every time something reminds you of that past moment, you might freeze or want to run away. Tell yourself why this time is different from the last time. The past doesn't equal the present. You are stronger and wiser.

● ● ●

與現實接軌

當你落入負面思考的深淵、無法自拔時,請試著與現實接軌。攤開檢視什麼是現實、什麼是自己腦中製造出的負面想法,退一步思考事實與假設的差異。若你覺得「其他人一定覺得我很笨」「做什麼都不會有效果」「反正遲早會失敗」,那我想告訴你,這些都只是你創造出來的假設,並非事實。也許你有過負面的經歷,所以每當這段記憶被喚醒,你會像被凍僵般不知所措,或只顧著逃離。遇到這種狀況,請告訴自己現在和當初的你有何不同,過去和現在不會一樣,現在的你更加聰明與強壯。

● ● ●

현실을 체크하세요.

여러분이 부정적인 감정 속에 빠져 있고, 빠져나갈 길을 찾을 수 없을 때, 현실 체크를 해 보세요. 무엇이 사실이고 무엇이 내 머릿속에서 만들어낸 부정적인 이야기인지 보세요. 한 발자국 뒤로 물러나 어떤 것이 사실인지, 어떤 것이 가정인지 살펴보세요. "사람들은 내가 멍청하다고 생각할거야." "아무것도 풀리는 게 없어." "결국 실패할거야." 등의 생각을 갖고 있다면, 이것들은 스스로 만들어낸 가정이지, 사실이 아니라고 말씀 드리고 싶습니다. 아마 여러분은 과거에 부정적인 경험을 했을지도 모릅니다. 그리고 어떤 무언가가 여러분에게 그 과거의 순간을 떠올리게 할 때마다, 얼어붙거나 도망가고 싶어질지도 모릅니다. 그럴 때, 스스로에게 지금 현재는 그때의 과거와 어떻게 다른지 말해 주세요. 과거와 현재는 다릅니다. 지금의 당신은 더 강하고 현명합니다.

Do a reality check.

Re-decide everything in your life.

A lot of us think we are living in the effects of our past decisions, but that's not completely true. What we don't realize is we repeatedly make the same decisions over and over to sustain the life we currently experience. We just don't recognize it because we tend to think the choice is already made in the past, so there's nothing much we can do about it. If this is your case, know this: you have the power to decide everything in your life. The truth is, there's nothing you have to do in life. You always have options, even if it feels like there are none. Be honest about what you really want and desire. You might end up making the same choices, but you will gain much more power.

• • •

DAY
72

為人生重新做選擇

許多人認為過往的決定左右了現在的生活,這不全然正確。我們不曾領悟到的是,為了維持現有生活,我們其實正反覆做出和過去相同的選擇,只是從未意識到這個行為罷了。我們傾向於認定現在已經無法對過往的決定造成任何改變,如果你也這麼想,請記住:「你有能力為人生重新做選擇。」其實生命中沒有什麼非執行不可的事,儘管有些看似無法選擇,選擇權仍在我們手中。所以我們都該誠實面對自己真實的渴望與夢想,也許會做出和過去一模一樣的選擇,至少可以感受到現在的自己比以前擁有更多力量。

• • •

삶의 모든 것을 다시 결정하세요.

많은 사람들이 우리가 과거에 한 결정의 영향 속에서 살고 있다고 생각하지만, 완전히 맞는 말은 아닙니다. 우리가 깨닫지 못하는 것은, 우리는 현재 살고 있는 삶을 유지하기 위해 계속해서 과거와 같은 결정을 반복한다는 것입니다. 우리는 그것을 인지하지 못할 뿐이에요. 우리는 이미 과거에 선택을 했다고 생각하기 때문에 현재에서는 별로 할 수 있는 일이 없다고 생각하는 경향이 있습니다. 당신도 그렇게 생각한다면 이걸 알아야 해요. 당신은 인생의 모든 것을 다시 결정할 힘이 있어요. 사실 살면서 해야만 하는 일 같은 것은 아무것도 없어요. 내게 아무런 선택권이 없는 것처럼 보이는 모든 일들도 사실 선택할 수 있어요. 당신이 진정으로 원하고 갈망하는 것에 대해 솔직해지세요. 아마 과거와 똑같은 선택을 할 수도 있겠지만, 그래도 예전보다 훨씬 큰 힘을 느낄 수가 있을 거예요.

Re-decide everything in your life.

It's okay to be a hot mess.

I know how good it feels to have everything under control. If you have everything in its place, it makes you feel safe and sound. And when something unplanned happens, you start to freak out. Safety, validation, or whatever you are trying to get out of it, does not come from trying to control everything around you. The fact is, we cannot teach someone a lesson and change them unless that's what they genuinely want. People change when they want to, not when they are told to. Your organized schedule or the perfect color of your walls have nothing to do with you being happy and safe. It's okay to have a mess. It's okay to have things get out of hand. We can normalize when things are not always in the palm of our hands. We can give ourselves a feeling of safety. That would be beautiful.

● ● ●

失誤也無傷大雅

我知道一切都在自己掌握之中的感覺非常好，所有事物都在各自的軌道上能讓人感到安心又完整，而當不在計畫內的事情發生時，則會讓人感到不知所措。但安全感、他人的認可，或是任何你尋尋覓覓的感受，都無法靠控制來取得。實際上，如果對方不是真心想改變，外人便無法教導他任何新觀念、也無法改變他，人們只會在自己真心渴望的時刻改變，不會聽取誰的指教。無論是規畫完善的行程或是完美粉刷的牆壁，這些都不該影響你的幸福及安全感。偶爾失誤也無傷大雅、經歷一些無法控制的狀況也沒有關係，儘管事情脫離掌控，我們也能再次將它導回正軌。只要給予自己安全感，一切都會變得很美好。

● ● ●

엉망진창이어도 괜찮습니다.

모든 것이 내 통제 하에 있다는 것이 얼마나 기분 좋은 건지 잘 알아요. 만약 모든 것이 제 자리에 있으면, 그것은 안전하고 건전하게 느껴져요. 계획하지 않은 일이 일어나면 기겁을 하게 되죠. 안전함, 확실함, 혹은 무엇이든 여러분이 얻고자 하는 것들은 사실 모든 것을 통제함으로써 얻을 수 있는 것들이 아니에요. 사실은, 우리는 누군가가 진정으로 원하지 않는데 그들을 가르칠 수도 혹은 바꿀 수도 없습니다. 사람들은 그들이 원할 때 변하는 것이지 변하라는 말을 들었을 때 변하는 것이 아닙니다. 당신의 계획적인 일정이나 완벽한 벽의 색은 당신이 행복하고 안전한 것과 아무 상관이 없습니다. 엉망진창인 것도 괜찮습니다. 일이 감당할 수 있는 수준을 벗어나는 것도 괜찮아요. 그러니 하려는 일들이 내 통제에서 벗어난다고 해도 정상화할 수 있습니다. 스스로에게 안전한 감정을 줘 보세요. 정말 아름다울 거예요.

It's okay to be a hot mess.

You have your own timing.

We are told countless times we need to figure things out in life by a certain age. When you are in your 20s, you should know what career you are going to pursue. When you are in your 30s, you should marry someone and have kids. So if you want to start a new career path in your 40s, you feel like you shouldn't be doing that. Throw all that away, because everybody's timeline is different. Your time should never be compared to anyone else's. To live according to this belief, have courage and faith.

Say "no" to other people's timelines, and say "yes" to your one and only, incomparable, wonderful life.

DAY
74

- - -

你有自己的時機

人生到達特定年紀就該釐清自己的人生目標,相信你也聽過無數次這個說法。20歲時,就該決定想要追求的職場志向;30歲時,就該和某人結婚生子。所以儘管在40歲時想要轉換新的職場跑道,你也會認為這是不被允許的選擇。請拋棄這個想法,因為每個人都有自己的時間軸,別拿自己的時間和他人的時間做比較。為了能懷抱這個信念過日子,我們要鼓起勇氣並保持信心,對他人既定的時間軸說「不!」,對自己獨一無二的人生說「好!」

- - -

당신의 타이밍이 있습니다.

우리는 인생에서 특정한 나이까지 무언가를 알아내야 한다고 수없이 들어왔습니다. 20대가 되면 어떤 직업을 추구할 것인지 알아야 합니다. 30대가 되면 누군가와 결혼해서 아이를 낳아야 해요. 그래서 40대에 새로운 진로를 개척하고 싶어도, 당신은 그러지 말아야 한다고 느껴져요. 사람들마다 타임라인은 다르니 모두 버려 버리세요. 당신의 시간들이 다른 사람들의 시간과 비교되어서는 안됩니다. 이걸 믿고 그렇게 살아가기 위해 용기와 신념을 가지세요. 다른 사람들의 타임라인에 대해 "아니"라고 말하고, 세상 단 하나뿐인 당신의 멋진 인생에 대해 "좋아!"라고 말해 보세요.

You have your own timing.

countless 無數的　pursue 追求　throw away 拋棄　incomparable 無法比較

You are more than what happened in your life.

You are more than the child whose parents got an ugly divorce. You are more than the person who didn't get chosen for the position you always wanted. You are more than a person who survived heartbreak. You are more than someone's daughter, son, mother, wife, or student. You are more than someone who has a 9 to 6 job, a patient diagnosed with a panic disorder, or a person who used to get bullied. You are more than what happened in your life. Don't let anyone else tell you that you are less than who you are. You are an incomparable, indispensable, beautifully imperfect human. You are you. You are who you choose to be.

● ● ●

你比過去更有意義

你不只是離婚夫妻生下的孩子,你不只是屢次落選的求職者,你不只是剛走出失戀的人,你不只是誰的女兒、兒子、媽媽、妻子或學生。你不只是平凡的上班族、被診斷出恐慌症的病人、曾被霸凌的學生,你比生命中所發生的一切都還更有意義,別允許任何人貶低你,你是無與倫比、不可或缺、不完美但美好的人類。你就是你,你是你選擇成為的人。

● ● ●

당신은 삶에 일어난 일보다 훨씬 큰 존재입니다.

당신은 단순히 부모가 좋지 않은 이혼을 한 아이가 아닙니다. 당신은 단순히 원하던 자리에 한 번도 뽑히지 않았던 사람이 아닙니다. 당신은 단순히 실연에서 살아남은 사람이 아닙니다.
당신은 단순히 누군가의 딸, 아들, 엄마, 아내, 학생이 아닙니다. 당신은 단순히 평범한 직업을 가진 사람, 공황장애 진단을 받은 환자, 왕따를 당했던 사람이 아닙니다. 당신은 당신의 인생에서 일어난 일보다 훨씬 큰 존재입니다. 다른 어떤 것도 당신이 작은 존재라고 이야기하게 허락하지 마세요. 당신은 비길 데 없고 없어서는 안 될, 아름다운 불완전한 인간입니다. 당신은 당신입니다. 당신은 당신이 선택한 사람입니다.

You are more than what happened in your life.

divorce 離婚　heartbreak 悲痛　diagnose 診斷　panic disorder 恐慌症
indispensable 不可或缺

Be unshackled.

If you can't seem to let go of the past because of resentment and you want to know how to finally be free from it, try this question. Some things seem almost impossible to let go, and you may even find yourself repeatedly experiencing them after a decade. But holding onto past wounds might kill you inside. So ask yourself; why are you repeatedly choosing the same story over and over again? And by choosing that narrative, what is it robbing you of? When you tell yourself, "No, I'm right. He should've stayed," what is it costing you? You can hold on to whatever you want, and let that rob you of your peace, happiness, and ability to live the life you truly want. Or you can decide, "It's time to let go, because that's never worth the price of my well-being." It can be a slow process, but you'll be unshackled forever.

DAY
76

解放自己

放下心中埋怨的過去並不簡單，如果你決定為了自己看開，可以試著向自己提問。也許你認為自己無法遺忘某些事物，甚至十年過去，仍會反覆想起過去那一瞬間的感受，但如果一直抓著舊傷口不放，可能會對你的內在造成傷害。請問自己：為何我選擇一再想起讓自己痛苦的經驗？這樣的選擇是否從我身上奪走了什麼？抱持著「不，我一點也沒錯，是他不應該離開我」這樣的想法，讓我付出了什麼代價？你有懷抱任何信念的自由，可以讓那些老舊記憶搶走你的平靜、幸福以及真正渴望的生活方式。不過你也可以選擇相信：「現在可以把過去放下了，因為那些回憶不值得犧牲我的幸福。」也許需要很長一段時間才能學會放手，但之後你就能永遠逃離過去的束縛、迎向自由。

자유로워지세요.

원망 때문에 과거를 내려놓는 것이 쉽진 않지만, 이제는 자신을 위해 놓아주고 싶다면, 스스로에게 이 질문을 해보세요. 어떤 일은 잊어버리는 것이 불가능하게 느껴지기도 합니다. 심지어 10년이 지났어도, 반복적으로 현실 속에서 그 과거의 순간을 경험하기도 합니다. 하지만 과거의 상처를 계속 붙잡고 있으면 그것이 당신의 내면을 죽일 수도 있어요. 스스로 물어보세요. 이렇게 나를 괴롭히는 이야기를 왜 나는 반복적으로 선택하고 있나요? 그리고 그 이야기를 선택함으로써 그것은 당신에게서 무엇을 빼앗고 있나요? "아니야, 내 말이 맞아. 그 사람은 날 떠나지 말았어야 했어"라고 말을 함으로써, 어떤 값을 치르고 있나요? 당신은 어떤 이야기이든 믿을 수 있는 자유가 있습니다. 그리고 그것이 당신의 평화, 행복, 그리고 진정으로 원하는 삶을 빼앗아가도록 내버려 둘 수 있지요. 아니면, "이제는 과거를 놓아줘야 할 때야, 왜냐하면 그건 내 행복을 지불할 만큼의 가치가 없으니까."라고 결정할 수도 있습니다. 놓아주는 것은 시간이 걸릴 수 있습니다. 하지만 당신은 영원히 과거의 속박에서 자유로워질 수 있습니다.

Be unshackled.

unshackled 被解放　resentment 埋怨　hold onto 抓住～　wound 傷口
rob 搶奪

Let go of "good intentions."

If you are disappointed in someone, think about why you feel that way. In your head, the reason might make sense because maybe you are right and he or she is wrong. But what if being right or wrong doesn't matter? What if you can drop your desire to correct his or her thoughts and behaviors? What would happen between you two? Or what if you could let go of the "good intentions" you have for him or her? They seem harmless and maybe even helpful, but if it's constantly creating arguments and disappointment, maybe it's time to try something else rather than holding high expectations for him or her.

放下單方面的善意

如果你曾對他人感到失望，請想想原因是什麼。也許你心中覺得自己比對方正確，所以把失望視為理所當然。不過，如果對於正確與否的判斷其實一點都不重要呢？如果我們大可放下糾正他人想法或行為的欲望呢？如果換個想法，你和那個人的關係會有何變化？或是乾脆收回自己單方面對他人釋出的「善意」又會發生什麼事？儘管我們的出發點毫無惡意，甚至還能帶給他人幫助，假如這份心意不斷導致爭論和失望，也許比起對他人抱有期待，我們應該做點其他嘗試。

"좋은 의도"를 내려놓으세요.

만약 당신이 누군가에게 실망했다면, 왜 그렇게 느끼는지 생각해 보세요. 당신의 마음속에서는 당신이 옳고 그 사람이 틀렸기 때문에 실망하는 게 당연하다고 생각할 수도 있습니다. 하지만 만약 옳고 그른 것을 판단하는 것 자체가 중요하지 않다면 어떨까요? 만약 당신이 그 사람의 생각이나 행동을 바로잡고자 하는 욕구를 내려놓을 수 있다면 어떨까요? 이렇게 생각한다면, 당신과 그 사람 사이엔 어떤 변화가 일어나게 될까요? 아니면 심지어 그에 대한 "좋은 의도"까지도 내려놓을 수 있다면 어떨까요? 내가 가진 의도는 전혀 악의도 없고 심지어 도움이 될 수도 있지만, 만약, 그 의도로 인해 끊임없는 논쟁과 실망이 반복된다면, 어쩌면, 기대를 품는 것 말고 다른 무언가를 시도해 볼 때일지도 모릅니다.

Let go of "good intentions."

make sense 合乎情理、理所當然　behavior 行為　harmless 無害的

You deserve to be healed.

Forgiving someone is probably one of the toughest choices we'll make in our lives. From trivial unpleasant encounters to traumatic events, you'll deal with different intensity of emotions in the process of forgiveness. You might have thought, "I don't care if it kills me, I'll never forgive her." If you are in that state, just let yourself feel the resentment. But if you feel like now is the time to move on, I'll tell you why forgiveness is the best decision. You deserve nothing less than complete freedom from the shackles of past pain. You deserve to fully receive all the wonderful possibilities that are waiting for you. You deserve to be healed and loved.

DAY
78

● ● ●

你有被治癒的資格

原諒他人也許是生命中最困難的選擇之一。從瑣碎的不愉快到可能導致皮肉傷的意外,在原諒的過程中,我們會面對各種不同強度的情緒。你也許會產生這種念頭:「要我死也無所謂,我永遠不會原諒那個女人!」如果陷入這種狀態,可以允許自己感受這種憤怒。但是,如果你現在已經下定決心要向前走,那就讓我告訴你為什麼原諒會是最好的選擇。因為你有資格從過往痛苦的束縛中被解放,你有權力享受在前方等待著你的無限可能,你也有被治癒,以及被愛的資格。

● ● ●

당신은 치유받을 자격이 있습니다.

누군가를 용서하는 것은 아마 우리의 인생에서 가장 어려운 선택 중 하나일 것입니다. 사소한 불쾌함부터 외상적인 사건까지, 여러분은 용서의 과정에서 다른 강도의 감정들을 마주하게 될 것입니다. "내가 죽어도 상관없어, 그 여자를 절대 용서하지 않을 거야"라고 생각했을지도 모릅니다. 만약 당신이 그런 상태라면, 그저 분노를 충분히 느끼도록 허락하세요. 하지만 지금이 이제는 앞으로 나아가야 할 때라고 느낀다면, 용서가 왜 가장 좋은 결정인지 말씀드리겠습니다. 당신은 과거의 고통의 족쇄로부터 해방될 자격이 있습니다. 당신은 당신을 기다리고 있는 모든 멋진 가능성을 충분히 받을 자격이 있습니다. 당신은 치유되고, 사랑받을 자격이 있습니다.

You deserve to be healed.

heal 治癒　forgive 原諒　trivial 微小的、瑣碎的　encounter 相遇　intensity 強度
shackles 束縛

Everything about you is perfect.

You love to set higher goals and you enjoy seeing progress and improvement in what you do. You are passionate, you are driven, you are wholehearted, and you are special. And what if I told you that there's actually nothing you have to do, and there's not a single thing you have to change about yourself? Everything about you is perfect. Your life is flawless. You are worthy by default, even if you think you're lazy, or you're an occasional hypocrite, or you're not smart enough. Who you are and what you do is different. You are not defined by just one chapter in your life. You are 100% lovable throughout your entire life. Go ahead and exceed your expectations, not because you are unlovable, but because you can.

DAY

79

● ● ●

你的一切都很完美

你樂於為自己立下高標準、期待工作上的進步與成長，你為人熱情、充滿鬥志和誠意，你非常特別。如果我說你完全不需要改變，也不需要逼自己做任何事情呢？你的一切都很完美。你的人生沒有缺點。你原本就充滿價值。你也許會覺得自己懶散、偶爾有些虛偽，或是不夠聰明，但你的本質與行為不盡相同，你的人生不該只被單一章節定義，你一輩子都很可愛。你該超越自己的期待，不是因為你不夠討人喜愛，而是因為你有能力達成。

● ● ●

당신의 모든 것은 완벽합니다.

당신은 더 높은 목표를 세우고, 당신이 하는 일의 진척과 발전을 보는 것을 즐깁니다. 당신은 열정적이고, 의욕적이고, 온 마음을 다하고, 특별합니다. 제가 만약 당신에게 아무것도 해야 할 일이 없으며, 당신에 대해 바꿀 일은 하나도 없다고 말씀드린다면 어떨까요? 당신의 모든 것이 완벽합니다. 당신의 삶은 흠이 없습니다. 당신은 원래 가치가 있습니다. 당신이 게으르다고 생각하거나, 가끔 위선자라고 생각하거나, 당신이 충분히 똑똑하지 않다고 생각할지라도 말이죠. 당신이 누구인가와 당신이 하는 일은 다릅니다. 당신은 인생의 한 장으로 정의되지 않습니다. 당신은 평생 동안 사랑스러운 존재입니다. 사랑스럽지 않은 존재이기 때문이 아니라, 단순히 할 수 있는 능력이 있기 때문에 당신의 기대를 초월해 보세요.

Everything about you is perfect.

Every relationship is perfect.

One of the lessons I've learned is that every relationship is perfect. I used to think that all relationships had to look a certain way, or feel a certain way, and if it was a relationship I adored, it should last as long as it could. But one day I realized every relationship serves a purpose. And for that, whether it's 30 years or 3 months, it's perfect the way it is. You will learn patience, courage, power, kindness, unconditional love, and much more through the person you are with. This perspective will not make you immune to disappointment or sadness, but it will liberate you to a great extent. You don't have to change the person to treasure every moment as it is.

DAY
80

● ● ●

每一段關係都很完美

我學到的教訓之一是，每一段關係都很完美。我曾認為所有人際關係都該依循某種方式進行，或是該給予我某種感受，如果是我特別珍惜的關係，就該盡力讓它永久延續下去。不過有一天，我突然明白每一段關係都有存在的目的，我學到無論是30年或是3個月，其實都有各自完美的方式。透過陪在身旁的人，我們可以學習忍耐、勇敢、力量、親切和無條件的愛。儘管這個觀點無法讓我們對失望和傷心免疫，卻有助於解放自我。我們不需要改變對方，也可以珍惜每個瞬間。

● ● ●

모든 관계는 완벽합니다.

제가 배운 교훈 중 하나는 모든 관계가 완벽하다는 것입니다. 모든 인간 관계는 어떤 식으로 보이거나 어떤 식으로 느껴야 한다고 생각하곤 했습니다. 그리고 만약 내가 사랑하는 관계라면 가능한 한 오래 지속되어야 한다고 생각했습니다. 하지만 어느 날, 모든 관계가 목적을 가지고 있다는 것을 깨달았습니다. 30년이든 3개월이든 그대로 완벽하다는 것을 배우게 되었습니다. 당신은 함께 있는 사람을 통해 인내, 용기, 힘, 친절, 무조건적인 사랑 등을 배울 것입니다. 이러한 관점은 당신을 실망이나 슬픔에 의연하게 만들지는 않겠지만, 당신의 마음을 해방시켜 줄 것입니다. 상대방을 바꾸려 하지 않아도, 모든 순간을 소중하게 여길 수 있습니다.

Every relationship is perfect.

PART 09

Growth

"Don't take criticism.
Take feedback."

- From Day 90 -

「別在意指責，只聽取意見。」

"비난을 받지마세요. 피드백을 받으세요 ."

When things get overwhelming

Here's what to do when things get overwhelming. First, pause for a minute to take a deep breath. You're never too busy for this. At the end of the day, you matter the most. Just stop everything for a moment and focus only on your breathing. Second, think about the next micro-action you can take. Nothing big. Any tiny action for you to move forward. It can be getting up from your chair and going for a walk or taking out a piece of paper and writing things down. Any big goals can be broken down into bite size chunks. Take one step at a time. And remember, you are powerful enough to handle any feelings.

● ● ●

當狀況難以承受

遇上難以承受的狀況時，首先，暫停下來深吸一口氣。再忙也請抽出這一點時間，因為你才是最重要的。暫時放下手邊的一切，集中在這一次深呼吸。接著，挑選一個你可以立刻執行的小任務，不是大事，只需要一件能協助你向前邁進的小事，可以從你坐著的位置站起來散步，或是拿一張紙隨筆寫點東西。任何偉大的目標都能被分割成小單位，所以一次只要踏出一步就夠了。也請別忘記，你有能夠承受任何情緒的力量。

● ● ●

상황이 버거울 때

상황이 버거울 때는 이렇게 해 보세요. 첫째, 호흡을 들이마시고 내쉬기 위해 잠시 멈춰 보세요. 이걸 못할 만큼 바쁜 일은 없어요. 결국에는 당신이 가장 중요합니다. 잠시만 모든 것을 멈추고 호흡 하나에만 집중해 보세요. 둘째, 당신이 바로 취할 수 있는 작은 행동 하나를 생각해 보세요. 큰 건 아니에요. 앞으로 나아가기 위한 아주 작은 행동입니다. 지금 앉아있는 의자에서 일어나 산책을 하는 것일 수도 있고, 종이 한 장을 꺼내 뭔가를 쓰는 것일 수도 있어요. 어떤 큰 목표라도 한 입 크기 정도로 잘게 나눌 수 있습니다. 그리고 한 번에 한 발을 나아가면 됩니다. 그리고 기억하세요. 당신은 어떤 감정도 다룰 수 있는 힘이 있어요.

overwhelming 難以承受　pause 暫停　break down 分割成小單位

Make the right decision.

The very first step to making the right decision comes from belief. Believe in your capability. Believe that you are capable of deciding what's best for you. No matter what you choose, you can create the most wonderful result. Actually, there's no such thing as a wrong or right decision. Whatever you decide, you can still create the most amazing result. Our results are created by our thoughts and actions, not by a single decision. Tell yourself that you have the power to make the best outcome from both options. It doesn't matter if you don't know how. You'll figure it out as you move forward. Give yourself that trust. Commit to making awesome results, regardless of the decision.

● ● ●

做正確的決定

學習採取正確決定的第一階段是學會信任。要相信自己的能力，要相信你有能力做出最符合自身需求的決定，無論選擇了什麼，你都能創造美好的結果。其實，沒有所謂正確或錯誤的選項，只要下定決心，你必定會打造出最精采的結果。然而這個結果不會只受單次選擇影響，它代表了我們的想法和行動。請告訴自己，無論是哪種決定，你都有能力呈現最棒的結果，若還不知道方法也無所謂，只要一邊前進一邊摸索即可。請信任自己，無論做出什麼決定，都要專注於創造精采的結果。

● ● ●

올바른 결정을 내리세요.

올바른 결정을 내리기 위한 가장 첫 단계는 믿음에서 나옵니다. 당신의 능력을 믿으세요. 자신에게 가장 적합한 것을 결정할 능력이 있다는 것을 믿으세요. 어떤 것을 선택하든 가장 멋진 결과를 만들어 낼 수 있을 거에요. 사실, 잘못된 결정이나 옳은 결정 같은 건 없어요. 당신이 무엇을 결정하든, 당신은 가장 놀라운 결과를 만들어 낼 수 있습니다. 우리의 결과는 단 한 번의 결정이 아니라 우리의 생각과 행동에 의해 만들어집니다. 스스로에게 두 가지 선택 모두 최상의 결과를 만들어 낼 수 있는 능력이 있다고 말해 주세요. 방법을 몰라도 상관없습니다. 앞으로 나아가다 보면 알게 될 거예요. 스스로에게 신뢰를 보내 주고, 어떤 결정을 내리든 멋진 결과를 만드는 데 전념하세요.

make the right decision 做正確的決定　outcome 結果　move forward 向前進
regardless of 無論～

Give yourself this gift.

One of the best gifts you can give yourself is self-discipline. Learn how to master your urges, emotions, and energy. This will be a tremendous help in making your dreams come true. Self-discipline is about appreciating yourself and giving yourself the freedom to focus on the things that matter the most. But remember, you do not have to be better in order to be worthy or happy. There's nothing wrong with you. You are perfect. But you want to grow, you want to improve, and you want to create more, which is a beautiful thing. So work hard for what you're passionate about. Be the best cheerleader and coach to yourself.

● ● ●

DAY

83

送給自己這份禮物

我們能贈予自己最好的禮物就是自我管理。學習如何去控制欲望、情感、能量,這些都是協助我們實現夢想的強大助力。自我管理是對自己表達感謝,給予自己全力集中在重要事物上的自由。請記住,你不需要靠精進自己來證明自我價值或獲得幸福,現在的你沒有任何缺點,你很完美。你只是想在原有的基礎上尋求成長和發展,期待再創造新的成果,這是優秀又美好的想法。請把握當下,努力爭取你所熱愛的事物,並成為自己最棒的教練和啦啦隊。

● ● ●

자신에게 이 선물을 주세요.

스스로에게 줄 수 있는 최고의 선물 중 하나는 자기 훈련입니다. 당신의 욕구, 감정, 에너지를 다루는 방법을 배우세요. 그것들은 여러분의 꿈을 실현하는 데 큰 도움이 될 것입니다. 자기 훈련은 스스로를 고맙게 여기고 가장 중요한 것에 집중할 수 있는 자유를 주는 것입니다. 하지만 기억하세요. 스스로 가치를 증명하거나 행복하기 위해서 발전하는 게 아니라는 것을요. 당신에게 잘못된 건 아무것도 없어요. 당신은 완벽해요. 하지만 당신은 거기서 더 성장하고, 발전하고, 그리고 더 무언가를 만들고 싶어 해요. 그리고 그걸 원한다는 게 멋지고 아름다운 거예요. 그러니 당신이 열정을 가진 그 일을 지금 열심히 하세요. 스스로에게 최고의 치어리더이자 코치가 되어 주세요.

self discipline 自我管理　tremendous 強大　freedom 自由　focus on 集中於～

Don't escape.

This is the benefit of not escaping from negative emotions. You get to fully experience your beautiful human life. If you don't run away from feelings like sadness, guilt, regret, shame, anger, or boredom, you can become incredibly strong. If you can be present with the feeling, you can bond with yourself on a much deeper level. You'll trust yourself even more by having your own back and never abandoning yourself, even in the darkest and scariest places. When you decide you are not going to hide or shame yourself for having human emotions, you'll be more than "just happy." You will be ALIVE, and you will grow into the best version of yourself even in the stillness, and even in the rockiest places.

DAY
84

不要逃避

不逃避負面情緒的好處是，我們可以完整體會美好的生活。如果你選擇不逃避悲傷、自責、後悔、羞恥、憤怒、無聊等各種情緒，你會變得比自己想像中還要強壯。如果你願意和這些情緒面對面，就能和自我創造更深層的連結。為自己撐腰、在最黑暗可怕的瞬間也不放棄自己，你就能更信任自己。只要你下定決心不再試圖隱藏，或是因為感受到自然產生的人類情感而自責，你就能超越「單純的開心」，變得更加生動。無論是經歷停滯期或是任何困境，你也都能成長為最棒的自己。

도망가지 마세요.

부정적인 감정에서 도망치지 않는 것의 장점들은 이런 게 있습니다. 인간으로서 누릴 수 있는 아름다운 삶의 모든 것들을 경험하게 됩니다. 당신이 슬픔, 죄책감, 후회, 수치심, 분노, 혹은 지루함 같은 감정들로부터 도망치지 않는다면 여러분은 믿을 수 없을 만큼 강해질 수 있습니다. 만일 당신이 그 감정들을 있는 그대로 마주할 수 있다면, 당신은 훨씬 더 깊은 수준의 스스로와 유대감을 가질 수 있게 됩니다. 스스로의 편이 되어 주고, 가장 어둡고 두려운 순간에도 절대로 스스로를 포기하지 않음으로써, 당신은 당신 자신을 더욱 신뢰하게 될 거예요. 만일 당신이 단지 인간의 당연한 감정들을 느낀다는 이유로 숨거나 자책하지 않겠다고 결심만 한다면, 당신은 "단순히 행복한" 것을 뛰어넘는 상태가 될 거예요. 당신은 생동감이 있을 것이며, 그리고 고요하거나 험난한 곳에서도 본인의 최상의 상태로 성장할 거예요.

Don't escape.

escape 逃跑　run away from 從～逃離　bond 形成連結　stillness 停滯

195

It takes the same energy.

Deciding you are going to have a bad day because of someone else or because of something that happened yesterday takes energy, just like deciding you are going to take responsibility for your own feelings and enjoy your day takes energy. One might feel more natural than the other, but the amount of energy you end up putting in is not that different. If you look close enough, you'll see that neither one is easier. Do you think it's easier to give up because you are afraid of failing to live up to others' expectations?
Or do you think it's easier to not care about others' opinions and focus on building what you truly love? If it's going to take the same amount of energy either way, you might as well go for what adds more value to your life.

• • • •
相同的能量需求

選擇被他人，或是昨天發生過的事件影響，度過不開心的一天需要能量；而選擇對自己負責，決定要開心過日子也需要相同程度的能量。儘管有些選項貌似理所當然、有些相反，最終我們所投入的精力其實相去不遠。仔細觀察就會發現，人生沒有相對容易的選項。當害怕無法滿足他人的期待時，你認為放棄自己的機會比較容易嗎？還是不畏懼外界眼光，專注於創造自己所愛的事物更為容易呢？不管答案是哪一種，都需要投入精力，所以不如選擇能為你的人生增添更多光彩的選項。

• • • •
같은 에너지가 들어갑니다.

누군가 때문에, 또는 어제 일어난 일 때문에 나쁜 하루를 보낼 것이라고 결정하는 것은 자신의 감정에 책임을 지고, 하루를 즐기겠다고 결정하는 것과 동일한 에너지가 들어갑니다. 어떤 것은 더 자연스럽게 느껴질 수도 있고, 다른 것은 그렇지 않다고 느낄 수도 있지만, 결국 당신이 쏟아 붓는 에너지의 양은 그렇게 다르지 않습니다. 자세히 들여다보면 더 쉬운 것은 없습니다. 다른 사람의 기대에 부응하지 못할까 봐 자신의 가능성을 포기하는 것이 더 쉽다고 생각하시나요? 아니면 자신의 인생에 대한 다른 사람들의 의견에 신경 쓰지 않고 자신이 진정으로 사랑하는 것을 만드는 데 집중하는 것이 더 쉽다고 생각하나요? 어느 쪽이든 같은 양의 에너지가 필요하다면, 당신의 삶에 더 많은 가치를 더하는 것을 선택하는 것이 더 좋을 것입니다.

● end up -ing 最終將會～　live up to 滿足期待　expectation 預想、期待
opinion 意見

Change your questions.

We ask ourselves questions all the time. This is true especially when we have problems. We ask questions like, "Am I a bad mother?", "Am I broken?", "What's wrong with him?", "What's in it for me?" When we ask negative questions, we get awful answers. Then it perpetuates pain and does nothing good for you. Without changing the situation, we can instantly feel better and use our focus on more positive things by changing the questions we ask ourselves. "How can I serve them better?", "How am I already wholesome? (Find the positive evidence)", "What's causing him to react this way? (with compassion and curiosity), "What can I learn?" We can command our brain to go into problem-solving mode and do it in a way that feels creative and loving, instead of judgmental or self-pitying. Start asking yourself good questions.

● ● ●
換個方式提問

我們常對自己提出疑問,特別是遇到麻煩的時候。我們會問自己:「我是失敗的母親嗎?」「我搞砸了嗎?」「那個人為何這樣?」「這對我到底有什麼好處?」當我們提出負面疑問時,也會得到負面的答案,這樣不斷延續的痛苦對我們毫無幫助。儘管無法改變現狀,只要改變向自己提問的方式,就能立刻轉換心情,讓自己能夠專注在較為正面的事物上。「怎麼做才能給予他人更多幫助?」「如何才能知足?(尋找正面證據)」「讓那個人產生這種反應的因素為何?(搭配憐憫與好奇心)」「我能學到什麼?」比起自我批判或自怨自艾,我們可以指揮大腦進入解決問題的模式,用充滿愛與創意的方法執行,我們可以開始用好的方式對自己提問。

● ● ●
질문을 바꾸세요.

우리는 항상 스스로에게 질문을 합니다. 특히 문제가 있을 때는 더욱 그렇습니다. 우리는 "내가 나쁜 엄마인가?", "내가 망가진 건가?", "저 사람 왜 저러지?", "나한텐 대체 무슨 이득이 있지?" 등의 질문을 합니다. 우리가 부정적인 질문을 할 때, 우리는 부정적인 답을 얻습니다. 그로 인해 고통이 지속되고 아무런 도움도 되지 않습니다. 상황을 바꾸지 않고도 우리는 스스로에게 묻는 질문을 바꿈으로써 즉각적으로 기분이 나아지고 더 긍정적인 것에 집중할 수 있습니다. "어떻게 하면 내가 더 잘 도울 수 있을까?", "내가 이미 온전함을 어떻게 발견할 수 있을까?(긍정적인 증거 찾기)", "무엇 때문에 그 사람은 이런 반응을 보이는 걸까? (연민과 호기심을 가지고), "나는 무엇을 배울 수 있을까?" 우리는 우리의 뇌가 문제 해결 모드로 들어가도록 명령할 수 있고, 창의적인 방법과 사랑이 느껴지는 방법으로 문제를 해결할 수 있습니다. 스스로를 판단하거나 자기 연민을 느끼지 않으면서 말이죠. 자신에게 좋은 질문을 시작하세요.

perpetuate 持續不斷　wholesome 有益於健康的、有幫助的　compassion 憐憫
command 指揮　self pity 自怨自艾

Be selective.

Are you intentional in selecting the content you consume every day? If not, this is a sign that you should. Everything that you listen to and watch affects you. The important question is, do they drown you with worry, fear, and doubt? Or do they motivate you to be better, inspired, and joyful? Some might argue that you need to be informed with as much information as possible. Yes, we should listen to those who are experiencing terrible things on the other side of the world. However, if you can't act from where you are standing right now, just being aware of it or thinking about it alone will not change anything. You need to be selective when it comes to feeding your brain and soul. Because at the end of the day, they should serve you.

● ● ● ●

謹慎選擇

你會刻意挑選每天的所見所聞嗎？如果不會，這代表你需要開始有意識的選擇自己吸收的資訊，因為這些都會對我們造成影響。面對這些資訊，我們需要思考的是：你接觸的資訊是否會令你陷入擔心、害怕或懷疑？還是會帶給你更多成長的動力、靈感與快樂？有些人主張我們應該接收各方面的訊息，我們的確需要傾聽地球另一端的受難者心聲，但是，如果無法為他們付出任何行動，單純只是關注或留意這些問題的存在，其實無法創造任何改變。比起隨意讓大腦和靈魂接收資訊，我們必須更謹慎挑選養分來源，因為最終，我們需要它們的幫助。

● ● ● ●

선별하세요.

매일 소비하는 콘텐츠를 의도적으로 선택하고 있나요? 그렇지 않다면, 이 글은 당신이 소비하고 있는 콘텐츠를 의도적으로 선택해야 한다는 사인입니다. 당신이 듣고 보는 모든 것은 당신에게 영향을 주기 때문입니다. 내가 소비하고 있는 것들을 향해 해야 할 중요한 질문은 이것입니다. 당신이 보는 콘텐츠들이 당신을 걱정, 두려움, 의심으로 빠져들게 하나요? 아니면 여러분이 더 나아지도록 동기를 부여하고, 영감을 주고, 즐거움을 주나요? 어떤 사람들은 당신이 모든 정보를 알아야 한다고 주장할 수도 있습니다. 지구 반대편에서 끔찍한 일을 겪고 있는 사람들의 목소리를 들어야 함은 맞습니다. 그러나, 만약 여러분이 그들을 위해 할 수 있는 행동을 취하지 않는다면, 단지 문제를 의식하거나 생각만 한다면, 아무것도 바뀌지 않을 것입니다. 당신의 두뇌와 영혼을 배불리 할 때 아무것이나 섭취하지 않고 까다롭게 선별해야 합니다. 결국엔 그것들이 당신을 섬겨야 하기 때문입니다.

selective 謹慎選擇　consume 消費、吸收　argue 爭論　brain 大腦
serve 幫助、給予

Loneliness is part of life.

Experiencing loneliness is part of life. Sometimes you may feel like you are in the darkest and scariest places all by yourself. Sometimes nobody can truly understand you or give you what you need. You may have many people around you. You can talk to them at any time, but it's been so long since you've felt a deep connection where you can just be your authentic self. Or even if you have amazing relationships in your life, you may still experience loneliness. Everybody experiences this. Embrace it as a part of a beautifully imperfect life. And use it as an opportunity to get to know yourself better. Practice giving yourself the things you deserve like unconditional love, intimacy, appreciation, and validation.

DAY 88

孤單是生活的一部分

經歷孤單是生活的一部分。也許你偶爾會覺得自己身處於最黑暗、最可怕的地方,任何人都無法真正理解你,也無法給予你渴望的幫助;也許你周遭有很多人,你也經常和他們對話,卻已經很久無法用最真實的自己和他們產生情感連結;也許你已經擁有世界上最美好的人際關係,卻仍然感到孤單。每一個人都可能經歷這種感受,我們必須接納孤單就是這樣美好但不完美的人生一部分,給予自己更加了解自我的機會,給予自己無條件的愛、親密、感激、認可等,這些你應該獲得的感受。

외로움은 삶의 일부분입니다.

외로움을 경험하는 것은 삶의 일부입니다. 때때로 여러분은 혼자 가장 어둡고 무서운 곳에 있는 것처럼 느껴질 수도 있습니다. 가끔은 누구도 당신을 진정으로 이해하거나 그 순간 당신이 필요한 것을 줄 수 없습니다. 주변에 많은 사람들이 있을 수 있습니다. 그들과 항상 대화를 나누지만, 진정한 자신이 될 수 있는 깊은 연결 고리를 느낀 것은 너무 오랜만 일 수 있습니다. 또는 당신이 인생에서 아름다운 관계를 맺고 있다고 해도, 당신은 여전히 외로움을 경험할 수 있습니다. 누구나 겪는 일입니다. 외로움을 아름답고 불완전한 삶의 일부로 받아들이세요. 그리고 그것을 당신을 더 잘 알아가고, 무조건적인 사랑, 친밀감, 감사, 그리고 인정과 같은 당신이 마땅히 받아야 할 것들을 스스로에게 주는 기회로 사용하세요.

🌰 loneliness 孤單　embrace 包容、接納　intimacy 親密　validation 認可

Meet wonderful people.

You should only surround yourself with people who push you to be a better version of yourself.

Life is too short to be with people who constantly suck the energy out of you. And if you want to be with wonderful people, you first have to be someone that you want to spend time with.

How do you be that person? Reinvent yourself, love yourself, discipline yourself, and be wholehearted.

Wherever you go or whoever you meet, whether it's a potential client, partner, or co-worker - instead of asking questions like, "What's in it for me?" or "How can I not get hurt?" change your questions to, "How can I give value?" or "What can I learn?" Then good people will find you and want to work with you.

DAY
89

● ● ●
和優秀的人往來

我們必須與能幫助自己成長的人來往。人生苦短,無須把時間花在可能榨乾我們精力的人身上。如果想和優秀的人來往,我們必須先成為自己願意花時間相處的人。該如何成為那種人呢?把自己打造成更好的模樣、愛自己、鍛鍊自己,成為對任何事物都盡心盡力的人。無論去哪裡、遇到什麼人,也許是潛在客戶、伴侶、同事,比起問自己:「我能得到什麼利益?」或「如何才能避免受傷?」試著將問題換成:「我能帶給對方何種價值?」「我能從中學到什麼?」如此一來,優秀的人都會主動找上門,希望與你共事。

● ● ●
멋진 사람들 만나세요.

여러분은 자신을 더 나은 모습으로 만들어 주는 사람들 곁에 있어야 합니다. 당신의 에너지를 끊임없이 빨아들이는 사람들과 함께 하기엔 삶은 너무 짧습니다. 당신이 멋진 사람들과 함께 있고 싶다면, 먼저 당신이 시간을 보내고 싶은 사람이 되어야 합니다. 어떻게 그런 사람이 될 수 있을까요? 자신을 더 나은 모습으로 재창조하고, 자신을 사랑하고, 자신을 단련하고, 마음을 다하는 사람이 되세요. 잠재적인 고객, 파트너, 동료 등 어디를 가든지 누구를 만나든지 간에 "나에게 이득이 되는 것은 무엇일까?" 또는 "어떻게 하면 다치지 않을 수 있을까?"라는 질문을 "어떻게 하면 상대방에게 가치를 줄 수 있을까?" "무엇을 배울 수 있을까"라는 질문으로 바꿔 보세요. 그러면 좋은 사람들이 당신을 찾을 것이며, 당신과 함께하길 원할 것입니다.

surround 圍繞　suck 榨乾　reinvent 再造　potential 潛能的

Don't take criticism.

Don't take criticism. Take feedback. Take it as a lesson from those who can teach you something. If you don't take it personally, it will not discourage you, it will just be feedback that can improve your performance. Don't take criticism if it's not constructive. Especially don't take criticism from spectators who have never fought and been defeated in the arena. They will say whatever they want, and you don't deserve to listen to those shallow comments. Be humble and always be the learner, but at the same time, believe that you are fully capable of reaching your goals. Don't let anything stop you.

● ● ●

別在意指責

別在意指責，只聽取意見。以上課的角度向那些能教導你的人學習，只要別事事往心裡去，就不會感到挫敗，並可以將那些對話當成協助自我成長的回饋。別接受沒有建設性的指責，尤其是沒有實戰經驗、也沒有失敗過的觀眾提出的批判，那些人總是口無遮攔，你並不需要聽取那些膚淺的意見。請當個謙虛又熱衷於學習的人，同時也要相信自己已有足夠能力達成目標，別讓任何事物阻擋你。

● ● ●

비난받지 마세요.

비난을 받지 마세요. 피드백을 받으세요. 당신에게 무언가를 가르쳐 줄 수 있는 사람들의 수업으로 받아들이세요. 개인적으로 받아들이지 않는다면, 실망할 필요도 없고, 자신의 성과를 향상시킬 수 있는 피드백이 될 것입니다. 건설적이지 않은 비판은 받아들이지 마세요. 특히 경기장에서 직접 싸워 본 적도 없고 패배한 적도 없는 관중들의 비난은 받아들이지 마세요. 그들은 언제나 하고 싶은 말을 할 것이고, 당신은 그런 얕은 말들을 들을 만한 사람이 아닙니다.
겸손하게 항상 배우는 사람이 대되, 동시에 목표를 충분히 달성할 수 있다는 것을 스스로 믿으세요. 그리고 그 무엇도 당신을 가로막게 하지 마세요.

criticism 批判　discourage 挫敗　constructive 有建設性　defeat 打敗

PART 10

Power

**"You have the power
to heal yourself."**

- from Day 91 -

「你有療癒自己的力量。」

"당신은 스스로를 치유할
힘이 있습니다"

You have the power to heal yourself.

Whenever you feel like you're hurt, remember this. Like the ocean that heals itself, your body has the power to heal itself as well. Your heart and mind can do the same with truth and love. Know that whatever happened doesn't equal your present. Know that whatever he or she says doesn't change your worth.

Witness that the problems didn't break you down, but has built you stronger. But this is not an automatic process. It has to be a deliberate practice. Even if you have the power but don't use it, you'll never experience the effect of it. You are not weak. You are stronger than you think. You can handle any emotion. You can figure out any problem. Start telling yourself truths about what you are capable of.

DAY
91

● ● ●
你有療癒自己的力量

感到傷心難過時,請記住:就像大海能修復自己一樣,我們的身體也有自我治癒的力量。你的感情與理智可以透過愛與真理,像大海般自我療癒。也請記住:過去發生的任何事情,都無法代表現在的我們。不管誰對你說過什麼話,你的價值不會因此改變。要清楚你面對的問題不該摧毀你,而是把你訓練得更加強壯。不過,這並不是自然發生的過程,你需要自主練習。儘管你擁有自我療癒的力量,不去使用就無法感受效果。你不是弱者,你絕對比想像中還要強壯。你能夠承擔所有情感,也能夠解決所有問題。請誠實面對自己和你的實力。

● ● ●
당신은 스스로를 치유할 힘이 있습니다.

마음이 아플 때면 이걸 기억하세요. 바다가 스스로 치유하듯이, 여러분의 몸도 스스로 치유하는 힘이 있습니다. 당신의 마음과 마인드는 진실과 사랑을 이용해서 바다처럼 스스로 치유할 수 있습니다. 나에게 과거에 무슨 일이 일어났건, 그게 현재의 나와 같지 않다는 것을 기억하세요. 그 누가 당신에게 어떤 말을 하든지 상관없이, 당신의 가치는 변하지 않아요. 당신이 겪은 문제들이 당신을 망가뜨린 게 아니라 더 강하게 만들어 줬다는 사실을 떠올려 보세요. 하지만 이것은 자동적으로 되는 과정들이 아닙니다. 의도적인 연습이 필요한 일들입니다. 여러분이 아무리 치유할 수 있는 힘이 있다고 해도, 그 힘을 쓰지 않는다면 그 효과를 전혀 느낄 수가 없어요. 당신은 약하지 않아요. 당신은 당신이 생각하는 것보다 더욱 강해요. 당신은 어떤 감정도 감당할 수 있어요. 당신은 어떤 문제도 해결할 수 있습니다. 당신이 할 수 있는 일들에 대해 스스로에게 진실되게 이야기할 시간입니다.

---

break down 摧毀　automatic 自動　deliberate 有意的
handle emotions 控制情感　figure out 解決

Everything happens for a reason.

How do you talk to yourself after a tough day?
What's your interpretation of a day that's been challenging for you?
You can be sad, frustrated, or mad. There's nothing wrong with feeling negative emotions. But oftentimes, we forget that the story we tell ourselves is what makes everything more painful than it actually is. Life happens for you, not against you. That means, you'll go through difficult days because they shape you into the person you're meant to become. If you can look at the problems in life as opportunities for you to evolve and grow, nothing will break you down. You'll take every journey whole-heartedly and you'll become unstoppable, instead of running away.

DAY
92

· · ·
萬事皆有因

在經歷辛苦的一天後,你會對自己說什麼?你又會如何定義「辛苦的一天」?我們也許會感到傷心、挫折、生氣,但感受負面情緒並不是不好的事情。我們時常忘記,我們對故事的解讀可能會讓自己比經歷實際情況還要辛苦,生命中所發生的事件不是為了妨礙,而是為了幫助我們成長而存在。也就是說,為了成為你想要也應該成為的那個人,你將會經歷更多辛苦的日子。如果能將生活中的問題一律視為可以幫助我們發展與成長的機會,那就沒有任何事物能摧毀我們。只要你能全心全意接受每一段人生旅程,你會變得勢不可當,再也不需要逃跑。

· · ·
모든 일에는 다 이유가 있습니다.

당신은 힘든 하루를 보내고 나서 스스로에게 어떤 말을 하나요? 힘든 하루를 보낸 것에 대한 당신의 해석은 무언가요? 당신은 슬프고, 좌절하고, 화가 날 수 있습니다. 부정적인 감정을 느끼는 것은 아무 문제가 없습니다. 하지만 종종 우리는 우리 스스로에게 말하는 이야기가 모든 것을 실제보다 더 고통스럽게 한다는 사실을 잊곤 합니다. 인생의 모든 일들은 당신을 방해하기 위해서가 아니라, 당신을 돕기 위해 일어납니다. 다시 말해, 당신이 되고 싶고 되어야 하는 그 사람을 만들기 위해, 앞으로도 많은 어렵고 힘든 날들을 겪게 될 것입니다. 인생의 문제들을 발전하고 성장할 수 있는 기회로 볼 수 있다면, 그 무엇도 당신을 무너뜨릴 수 없을 것입니다. 당신은 모든 여정을 진심으로 받아들일 것이고, 멈출 수 없는 강한 사람이 될 거예요. 도망가는 대신에요.

interpretation 分析　go through 經歷　shape into 成為～　evolve 發展

All you need to change is yourself.

You cannot change what happened last year, but you can change how you look at it. You cannot change people, but you can change how you look at them. I'm not saying to accept everything as it is and live helplessly. In fact, I'm saying the opposite. You are the author of your life, so you always get to decide what each story means. You can rewrite your beginning and ending. Most importantly, you can change the results you get in the future. The worst case scenario will not play out in your reality. But, even if it does, you get to decide the ending of that scenario. You can either become stronger, or you can beat yourself up. There are things you can change. All you need to change is yourself. Then, you will be surprised by the many amazing possibilities waiting to unfold in front of you.

DAY

93

• • •

你需要改變的只有自己

你無法改變去年發生的事情,但可以改變自己對那件事的看法。你無法改變別人,但可以改變自己看待他們的視線。這不代表你只能無助的接受所有現況,事實恰好相反。因為你是撰寫自己人生的作家,你可以決定每個故事背後的涵義,可以重寫開頭和結尾,更重要的是你可以改變尚未到來的結果。最壞的打算不會發生在現實生活中,儘管實際發生,你也能自行決定這個場景的後續發展,你可以變得更強壯,也可以因此自責。你有不少可以改變的事情,但需要改變的只有自己。如果只改變自己,你將驚喜發現無數精采的可能。

• • •

당신이 바뀌야 하는 것은 그냥 당신입니다.

작년에 일어난 일은 바꿀 수 없지만, 당신이 그걸 바라보는 관점은 바꿀 수 있습니다. 다른 사람을 바꿀 수 없지만, 그들을 바라보는 당신의 시선은 바꿀 수 있습니다. 모든 것을 있는 그대로 받아들이고 어쩔 수 없이 살자는 것이 아니에요. 사실은 그 반대입니다. 당신은 스스로의 인생을 쓰는 작가이기 때문에 각각의 이야기가 무엇을 의미하는지 항상 결정할 수 있습니다. 시작과 끝을 다시 쓸 수 있는 거죠. 무엇보다 중요한 건, 당신은 미래에 다가올 결과들을 바꿀 수가 있다는 것입니다. 최악의 시나리오는 현실에서 일어나지 않을 거예요. 하지만 그 일이 일어난다고 해도, 그 시나리오의 끝은 스스로 결정할 수가 있어요. 그 일로 더 강해질 수도 있고 그 일로 인해 스스로 자책할 수도 있어요. 당신이 바꿀 수 있는 것들이 있어요. 당신이 바뀌야 하는 것은 그냥 당신입니다. 그렇게만 한다면 여러분 앞에 펼쳐질 수많은 놀라운 가능성을 확인하며 놀라게 될 거예요.

helplessly 無助　worst case scenario 最壞的情況　possibility 可能性　unfold 展開

Think about what you can give.

"Am I good enough?", "What if people don't like me?" If you are having thoughts like these, they're stopping you from showing up as your best self. It's not about you. Stop thinking about yourself, and start thinking about what you can give to other people. Dwelling on your limitations only blocks you from what you are capable of. Even if you need to get credentials, you've got to put yourself out there believing you're helping people live a better life. If you can help, that's all you need to think about. Choose to focus on that. That will allow you to access your own genius and serve others best.

• • •

思考你能給予什麼

「我有資格嗎？」「被人討厭該怎麼辦？」如果你產生了這些念頭，這些念頭將會阻礙你成為最好的自己。不是你造成的，立刻停下關於自我的思考，想想你能夠給予他人什麼。過度思考自己的界線只會限制我們的能力。即使選擇考取證照，也得保持「我相信我能幫助他人過更好的生活」這樣的心態來挑戰，只要能提供幫助，這就是你所需要思考的，把重點放在這上面。如此一來，你就能善用你的智慧，盡全力幫助他人。

• • •

당신이 줄 수 있는 것에 대해 생각하세요.

"내가 충분한가?", "사람들이 날 싫어하면 어떡하지?" 만약 당신이 이런 생각을 한다면, 그것은 당신이 최상의 모습으로 나타나지 못하게 가로막을 것입니다. 당신 때문이 아닙니다. 자신에 대해서 생각하는 것을 멈추고 사람들에게 무엇을 줄 수 있는지 생각해 보세요. 자신의 한계에 연연하는 것은 단지 당신의 능력을 제한시킬 뿐입니다. 비록 자격증을 따야 한다 하더라도, 내가 하는 일로써 사람들이 더 나은 삶을 살 수 있게 도울 것이라고 믿으며 도전해야 합니다. 당신이 도울 수 있다면 그것만 생각하세요. 도움에 초점을 맞추세요. 그러면 당신이 가지고 있는 지혜를 사용하고, 사람들을 최선을 다해 돕는 것이 가능해질 것입니다.

dwell on 深思～　credentials 資格　walk into 走進

Motivation can be useless.

Motivation is useless unless you take action. Thoughts and beliefs will turn against you if you just dream and don't do anything. Don't get me wrong. Keep inspiring yourself. Visualizations are awesome. Do write your goals down and believe in them. But it's imperative you do what feels awkward, uncomfortable, or even daunting to propel yourself forward. You are in charge of your own life. Nobody else can guarantee you substantial results. Get in there like a boss, no matter where you are. Don't wait for things to happen. Take massive actions. Otherwise, you can only enjoy dreaming about your goals and you'll eventually regret who you could have been.

• • •

光想沒用

如果無法轉化成實際行動,動機就毫無用處。光是作夢、不採取行動的話,這些想法和信念只會對你造成阻礙。請不要誤會,你該持續提供自己靈感,並將夢想視覺化。你可以寫下所有目標、並相信自己能夠達成。不過為了成長,你必須實際執行那些可能令你尷尬、不舒服、甚至害怕的行動。只有你能對自己的人生負責,他人無法為你保證實質性的結果。無論身在何處,請掌握主導權,不要坐等事件發生,要提高執行力。不然目標就只是夢想,你將一輩子後悔那些自己也許能做到的事。

• • •

동기 부여는 무용지물이 될 수도 있습니다.

동기 부여는 실제로 행동을 옮기지 않는 한 무용지물입니다. 아무것도 하지 않고 꿈만 꾸면 생각과 믿음은 오히려 당신을 방해할 것입니다. 오해하진 마세요. 계속 스스로에게 영감을 주세요. 시각화를 하는 것은 정말 멋집니다. 당신의 목표를 적고 그것을 믿으세요. 그러나 앞으로 나아가기 위해서는 어색하거나, 불편하거나, 심지어 두려움을 느끼는 행동을 실제로 하는 것이 필수적입니다. 당신은 당신의 삶을 책임지고 있습니다. 그 누구도 실질적인 결과를 장담할 수 없습니다. 당신이 어디에 있든 주인으로 있으세요. 무슨 일이 일어나기를 기다리지 마세요. 행동력을 기르세요. 그렇지 않으면, 목표에 대한 꿈만 꾸다 결국 여러분이 "될 수 있었던 것"에 대해 후회하며 살아갈 수 있습니다.

Don't get me wrong 請不要誤會　visualization 視覺化　imperative 必須
substantial 實質性

Do the work.

Don't wish for magic to happen.
"Million-dollar-making master online course" can do
nothing for you unless you believe in your own ability and take massive
actions. Nothing can make the magic happen except you.
At the end of the day, you've got to do the work. There's no other way.
Do you want a happier relationship with your parents? Initiate the
difficult conversation even when you don't know how it will turn out.
Do you want to close more deals? Push through your doubts and work
on your craft anyway. You have enough tips and tricks. Stop looking for
"easier ways." It's a never-ending game. Do the actual work.

• • •
採取行動

別期待魔法會發生。如果不相信自己的能力、不採取行動,「百萬富翁速成課」也無法帶給你任何幫助。除了你自己,沒有人能幫忙實現願望。到頭來,一切都得靠你去執行,沒有其他方法。你希望和父母親和睦相處嗎?儘管無法控制談話走向,你仍必須主動開啟那些艱難的話題。你想談成更多筆交易嗎?那就必須打破自我懷疑,用盡方法增進自己的本領。你已經學會許多不同的處事方法,停止尋找「更簡單的方法」,因為這條路沒有盡頭。請立刻採取行動。

• • •
행동하세요.

마법 같은 일어나길 바라지 마세요. 만약 당신이 자신의 능력을 믿고 거침없는 행동을 취하지 않는 한 "백만 달러짜리 온라인 마스터 과정"은 당신에게 그 어떤 것도 해 줄 수 없습니다. 당신을 제외하고는 그 어떤 것도 마법을 부릴 수 없습니다. 결국, 당신이 해야 합니다. 다른 방법은 없습니다. 부모님과 더 행복한 관계를 원하나요? 대화의 결과가 어떻게 될지 몰라도 어려운 대화를 먼저 시도하세요. 더 많은 거래를 성사시키기 원하시나요? 의심을 뚫고 어떻게든 당신의 기량을 개발시키세요. 당신은 이미 많은 방법들을 충분히 알고 있습니다. "더 쉬운 방법"은 그만 찾으세요. 방법만 찾는 것은 도저히 끝나지 않습니다. 실제 행동을 취하세요.

at the end of the day 到頭來　initiate 開啟　craft 技術、本領

Influence people.

If you want people to change, instead of teaching them what to do, inspire them. In other words, you need to change yourself before you can change other people. People are not very motivated by rewards unless it's really relevant to them. So, "If you do this, I'll give you this" is not that effective. If you want your partner to be loving towards others, show him or her how much you appreciate people around you. Model the way you talk, the way you respect, and the way you serve. Let them witness how it gives incredible value not only to you, but to them. If you really want to change them to be better, influence them rather than lecturing them.

DAY

發揮影響力

如果希望他人改變,比起指導他們如何改進,給予靈感會是更好的方式。換句話說,改變別人之前,請先改變自己。若不是和自己強烈相關的事物,就算提供獎勵也難以誘發人們改變的動機。「如果你做到這件事,我就幫你做那件事」,這種方法不會有太大的成效。如果你希望自己的伴侶能更善待他人,你就必須優先展示自己對周遭的感激之情,讓對方能學習並仿效你的說話方式、尊重以及幫助他人的方法,以及讓他們能親眼證實,這樣的舉止不只帶給你,也能帶給他人多麼偉大的價值。如果你真心希望他人往更好的方向發展,比起用言語指導,請直接展現你的影響力。

영향력을 미치세요.

만약 당신이 사람들이 변화하기를 원한다면, 그들에게 무엇을 해야 하는지 가르쳐 주는 대신 그들에게 영감을 주세요. 다시 말해, 누군가를 변화시키기 전에 스스로를 변화하세요. 사람들은 자신과 매우 관련 있는 것이 아니라면 보상 자체에 크게 동기 부여를 받지 않습니다. "이렇게 해 준다면 대신 이걸 줄게"라는 것은 효과가 크지 않습니다. 만약 당신의 파트너가 다른 사람들을 사랑으로 대하길 원한다면, 당신이 주변 사람들을 얼마나 감사하게 생각하고 있는지 보여 주세요. 당신이 그들에게 어떻게 말을 건네고, 어떻게 존중하고, 어떻게 돕는지 본보기로 보여 주세요. 그리고 그렇게 하는 것이 당신에게뿐 아니라 그들에게도 얼마나 놀라운 가치를 제공하는지 직접 목격하게 하세요. 사람들이 진정으로 더 나은 모습으로 변화하길 원한다면, 그들을 말로 가르치기보단, 그들에게 영향을 주세요.

🔵 motivate 引發動機　rewards 獎勵　relevant 有意義的　rather than 比起～

Life is about perspective.

Life is about perspective. Your perspective decides the quality of your life.

So my question for you is, "How do you want to look at your life?" Do you want to look at your struggles and say, "My life is a mess!" or say, "My life is perfect the way it is. I'm grateful that I get to be in it. I will come out the other side stronger?" You always get to choose what you make things mean. You can believe whatever you want about your life. That's your power, and no one can take that away from you. Choose the perspective that moves you, motivates you, and makes you love your life.

DAY
98

● ● ●
人生取決於觀點

人生取決於我們的觀點。你對於人生的看法可以決定你的生活品質。於是我想對你提問：「你想要如何看待自己的人生？」你是否想看著自己奮鬥的成果說「我人生真是一團糟」，或是想對自己說「我的人生已經很完美。感謝我能活著，我會因此變得更加強壯」呢？你可以決定如何解讀發生在周遭的一切事物。對於自己的人生，你有權利選擇想要相信的內容。這是你的力量，沒有任何人可以搶走你的權力，請選擇能賦予自己動力、鼓勵，讓你能更熱愛生活的「觀點」吧！

● ● ●
인생은 관점에 대한 것입니다.

인생은 관점에 대한 것입니다. 당신의 삶에 대한 관점이 여러분 삶의 질을 결정짓습니다. 그래서 저의 질문은 다음과 같습니다. "당신은 삶을 어떻게 바라보고 싶으신가요?" 당신이 힘겨울 때 "내 인생은 엉망이야!"라고 생각하고 싶나요? 아니면 "내 인생은 있는 그대로 완벽해. 인생을 살 수 있어서 감사해. 난 이 일로 더 강해질 거야."라고 말하고 싶나요? 당신은 항상 주위에서 일어나는 모든 일들을 어떻게 해석할지 결정할 수 있어요. 스스로의 인생에 대해 여러분이 원하는 방식대로 믿을 수 있어요. 그게 여러분의 힘이고, 아무도 그 힘을 여러분으로부터 빼앗을 수 없어요. 여러분을 움직일 수 있도록 해주고, 동기 부여를 해 주고, 그리고 스스로의 인생을 사랑할 수 있게 해 주는 '관점'을 선택하세요.

struggle 鬥爭、奮鬥　mess 混亂的狀態　grateful 感恩的　mean 意義

Confidence is the ability to be humble.

Real confidence does not mean having a big ego.
It does not mean having a bossy attitude, or not caring about anybody's opinions. Real confidence is the ability to be humble. If you are confident, you can truly be grateful to the people around you, because you are not afraid that they might take advantage of you.
You don't manipulate others into liking you. You don't try to prove yourself to the critics, because you are your biggest fan. You normalize the messy part of life. If people don't listen to you, don't waste your time trying to teach them a lesson. Instead, show them a better way. That's real confidence.

● ● ●

自信是懂得謙虛

真正的自信不代表擁有高傲的自尊心，也不代表傲慢或目中無人的態度，真正的自信是懂得謙虛。如果你有自信，就不會害怕被周圍的人存心利用，於是也能真心誠意的對他們表達感謝。真正的自信是不為了討人喜歡而試圖操縱他人，真正的自信是不為他人的批判去爭辯，因為你就是自己最強的擁護者，真正的自信是自然接受人生混亂的部分。如果人們不願意聽你說話，就無須浪費時間灌輸道理，你可以選擇用更好的方式證明給他們看，這就是真正的自信。

● ● ●

자신감은 겸손할 수 있는 능력입니다.

진정한 자신감은 자존심이 세다는 것을 의미하지 않습니다. 진정한 자신감은 거만한 태도를 갖거나 다른 사람의 의견을 신경 쓰지 않는 것을 의미하지 않습니다. 진정한 자신감은 겸손해지는 능력입니다. 당신이 자신감이 있다면 주변 사람들이 나를 이용할까봐 두려워하지 않기 때문에 그들에게 진심으로 감사할 수 있습니다. 진정한 자신감은 다른 사람들이 나를 좋아하도록 조종하지 않습니다. 진정한 자신감은 비평가들에게 자신을 증명하려고 하지 않습니다. 왜냐하면 자신이 스스로의 열렬한 팬이기 때문입니다. 진정한 자신감은 인생의 어지러운 부분도 자연스러운 것으로 받아들입니다. 만약 사람들이 당신의 말을 듣지 않는다면, 그들에게 교훈을 주려고 시간을 낭비하지 마세요. 대신, 그들에게 더 나은 방법을 보여 주세요. 그것이 진정한 자신감입니다.

confidence 自信　bossy attitude 傲慢的態度　humble 謙虛　manipulate 操縱
prove 證明

You always have power.

Let me remind you how powerful you are. You have the power to believe in new things. You have the power to heal yourself and other people. You have the power to create change within yourself and in the community that you want to serve.

You have the power to let go of the stories that hurt you. You have the power to figure out anything, whatever it may be. This doesn't mean believing, healing, changing, or creating happens automatically. You need to be intentional. You need to keep practicing your power. You need to push through doubt. Be the witness of your own magical power.

● ● ●

你擁有力量

讓我再次提醒你有多強壯。你有相信新事物的力量,你有療癒自己和別人的力量,你有足以改變自我內心和社會的力量,你有擺脫那些讓自己痛苦的故事的力量。你有解決問題的力量,可以化解任何問題。擁有力量不代表我們掌握的能力會自動產生,信任、療癒、變化、創造,我們需要有意識地去使用並加強練習這些能力。我們必須堅持到底、打破自我懷疑,才能見證自己魔法般的力量。

● ● ●

당신에겐 항상 힘이 있습니다.

당신이 얼마나 강한지 상기시켜 드리겠습니다. 당신은 새로운 것을 믿는 힘이 있습니다. 당신은 자신과 사람들을 치유할 수 있는 힘을 가지고 있습니다. 당신은 당신과 당신이 돕고 싶은 공동체를 변화시킬 힘이 있습니다. 당신은 당신을 아프게 하는 이야기들을 떨쳐버릴 힘이 있습니다. 당신에겐 뭐든 해결해 낼 수 있는 힘이 있습니다. 그게 무엇이 되었든지 말이죠. 힘이 있다는 것은, 믿음, 치유, 변화, 창조해 내는 것 등 내가 가지고 있는 힘의 가능성들이 자동적으로 발현된다는 것을 의미하지 않습니다. 의도적으로 행동해야 합니다. 계속 연습해야 합니다. 스스로를 의심하는 목소리를 뚫고 행동에 옮겨야 할 것입니다. 마법 같은 스스로의 힘의 증인이 되어 보세요.

community 社會　push through 堅持到底

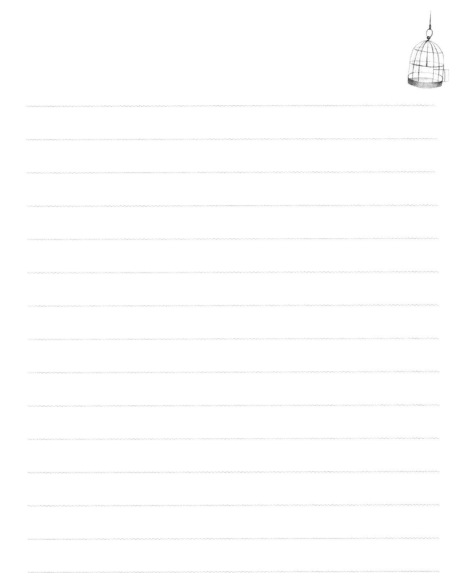

國家圖書館出版品預行編目資料

抄寫勵志英語，換來百日奇蹟 / 莉亞（Leah Jean Kim）著；樓艾苓譯. --
初版. -- 臺北市 ：如何出版社有限公司, 2022.07
　　240 面；17×23公分 -- （Happy language；164）
　　譯自：영어 필사 100 일의 기적
　　ISBN 978-986-136-626-5（平裝）

　　1.CST：自我實現　2.CST：英語　3.CST：語言學習
177.2　　　　　　　　　　　　　　　　　　　　111007541

Eurasian Publishing Group
圓神出版事業機構
用心閱你對話・視野無限寬廣

如何出版社
Solutions Publishing

www.booklife.com.tw　　　　　　　　　reader@mail.eurasian.com.tw

Happy Language　164

抄寫勵志英語，換來百日奇蹟

作　　者／莉亞（Leah Jean Kim）
譯　　者／樓艾苓
發 行 人／簡志忠
出 版 者／如何出版社有限公司
地　　址／臺北市南京東路四段50號6樓之1
電　　話／（02）2579-6600・2579-8800・2570-3939
傳　　真／（02）2579-0338・2577-3220・2570-3636
總 編 輯／陳秋月
資深主編／賴良珠
責任編輯／柳怡如
校　　對／柳怡如・丁予涵
美術編輯／蔡惠如
行銷企畫／陳禹伶・林雅雯・羅紫薰
印務統籌／劉鳳剛・高榮祥
監　　印／高榮祥
排　　版／莊寶鈴
經 銷 商／叩應股份有限公司
郵撥帳號／ 18707239
法律顧問／圓神出版事業機構法律顧問　蕭雄淋律師
印　　刷／龍岡數位文化股份有限公司

2022 年 7 月　初版
2024 年 8 月　19 刷

定價 380 元　　　　　ISBN 978-986-136-626-5